國家圖書館特藏珍品

乾隆御製稿本 西清硯譜

〔第十七册—第十八册〕

上海書畫出版社

第十七冊

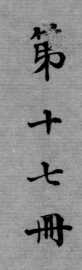

欽定西清硯譜目錄卷廿

第十七冊

○○石之屬

舊端石石田硯

舊端石六龍硯

舊端石蟠夔鐘硯

舊端石洛書硯

舊端石鵞硯

舊端石石田硯正面圖 繪圖十分之八

舊端石石田硯右方側面圖

舊端石石田硯說

硯高五寸寬三寸五分厚一寸水岩舊坑端石色青紫而潤面正平斜入墨池上刻雙螭抱池內向磨治瑩滑渾古入妙右下方微帶黄龍文三硯背上方鐫石田二字篆書覆手内鐫銘二十四字後有甲午花朝銘五字款俱楷書旁有鹿原二字連方印二右旁鐫七言絶句詩一首左旁鐫右請莘田先生鑒政甸九字款俱行書下有田生二字長

江津令青玉山房當即其齋名是硯或係黄任十
硯之一而經林佶余甸所題識者亦可珎也

四

御製題舊端石石田硯

幾年端玉出溪濵學稼何妨此作因漫曰石田耕鮮穫菑畬經訓豈孤人

林佶銘　象其體以守墨象其用以畜德譬農夫之力穡戒將落於不殖

余甸詩　剖來青紫玉如泥幾度經營日馭西一自神君拂袖去至今魂夢遶端溪

舊端石六龍硯正面圖

繪圖十分之五

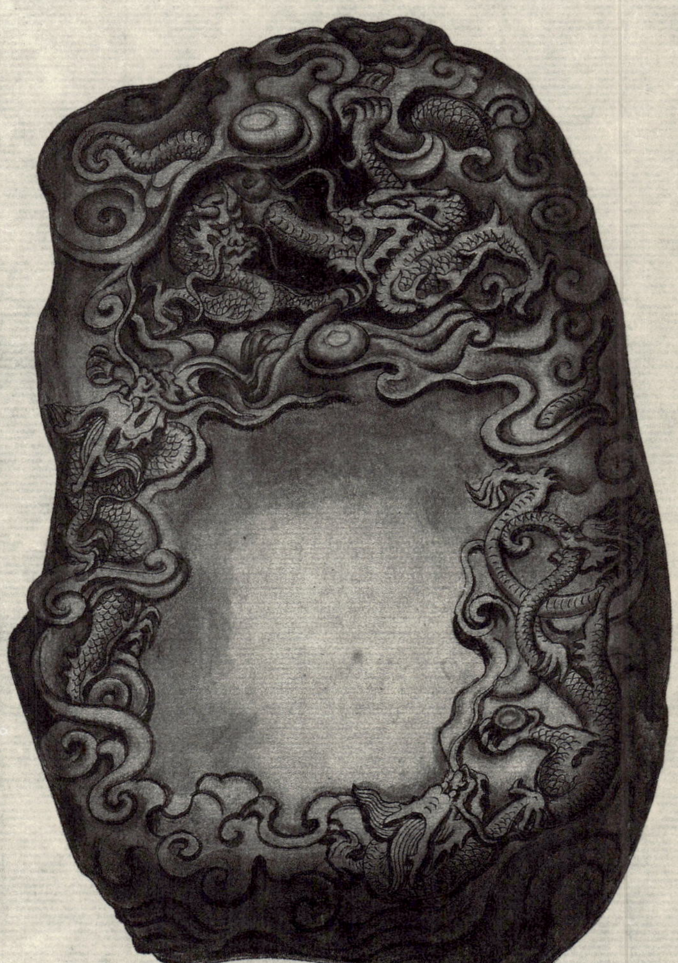

舊端石六龍硯說

硯高八寸五分寬五寸六分厚一寸五分天然橢圓式舊端溪蕉葉白也質細而潤右側微有火捺痕硯面周刻六龍雲氣升降盪潏生動上方及右有鸜鵒活眼三恰如龍之戲珠中稍平為受墨處上方雲龍之間稍窪為墨池硯背有活眼五流雲擁之為景星慶雲象上方鐫銘至治有象景星慶雲六龍御天光被文明十六字篆書無款左方鐫

御製舊端石六龍硯銘

墨磨硯硯則凹也硯磨墨墨則消也然而世未嘗缺硯與墨則東坡之言其理昭也鸜眼蕉白鐫以六龍蟠雲霄也我則懼爲時乘作覩之五而頤疊日乾夕惕之三文也

○○無名銘　至治有象昌景星慶雲六龍御天光被文明

舊端石蟠夔鐘硯正面圖

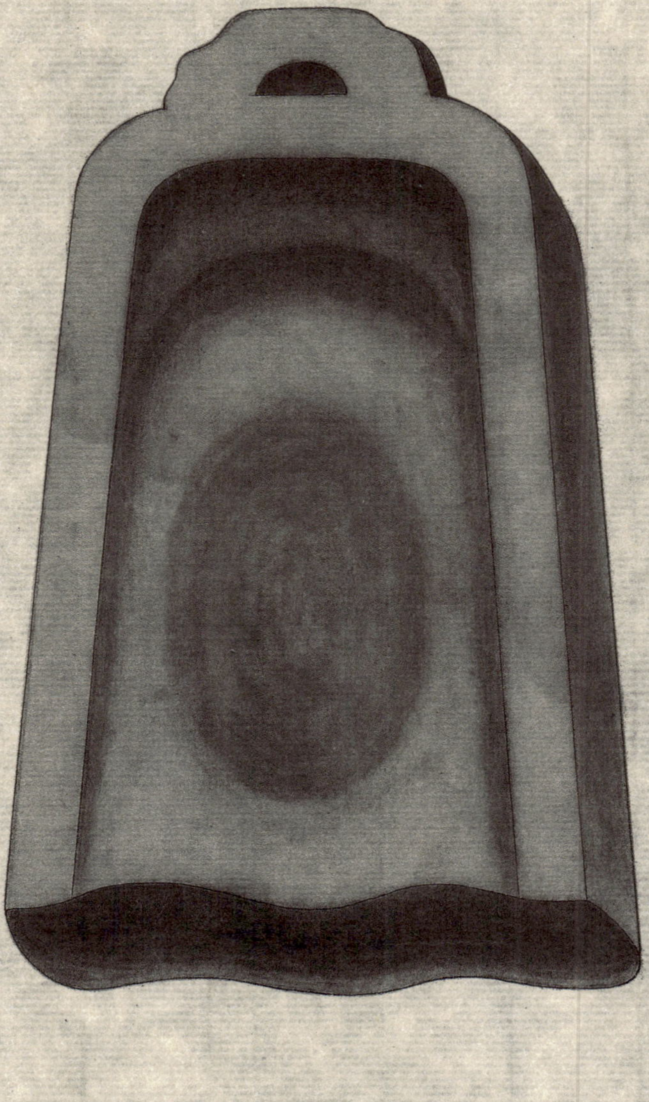

十二頁

冊段廿　並見十二頁

舊端石蟠夔鐘硯下方側面圖

懷鉛提槧
以後卝人
鳧氏兩兼
鳳尾設共
批諾宵衣
可警晨嚴
乾隆戊戌
御題

詩隸書鈐寶二曰乾隆

十二

卝 按周禮地官有
卝人職卝庶段
卝 下方側面圖
内圓圓同
已改

御製題舊端石蟠夔鐘硯

懷鉛提槧以後卝人凫氏而兼鳳尾設共批諾宵衣可

警晨嚴

學莊銘 非金非範配居莛鏞不縣而聽不扣而

通豈鍾山之所采浴文心于雕龍

十二

舊端石洛書硯正面圖 繪圖十分之八

十三

頁

傳改傳

簽次頁

舊端石洛書硯側面銘款圖

硯首

下巖石辟誰劖紫雲
墨池黝清龍香氤氳
刻作洛負圖書之祖
傳說有云事不師古
君子之道闇然日章
出諸久弃刮垢磨光
著書習字均非我事
慎兹絲綸惕乾永志
乾隆戊戌御銘

十四

尚書說命下篇有
事不師古云云則傳
說之傳應改傅硯
首側面圍内同
已改

御製舊端石洛書硯銘

下巖石辟誰割紫雲墨池黝漬龍香氤氳刻作洛負圖
書之祖傳說有云事不師古君子之道闇然日章出諸
久弆刮垢磨光著書習字均非我事慎茲絲綸惕乾永
志

十五

舊端石鵞硯正面圖

繪圖十分之七

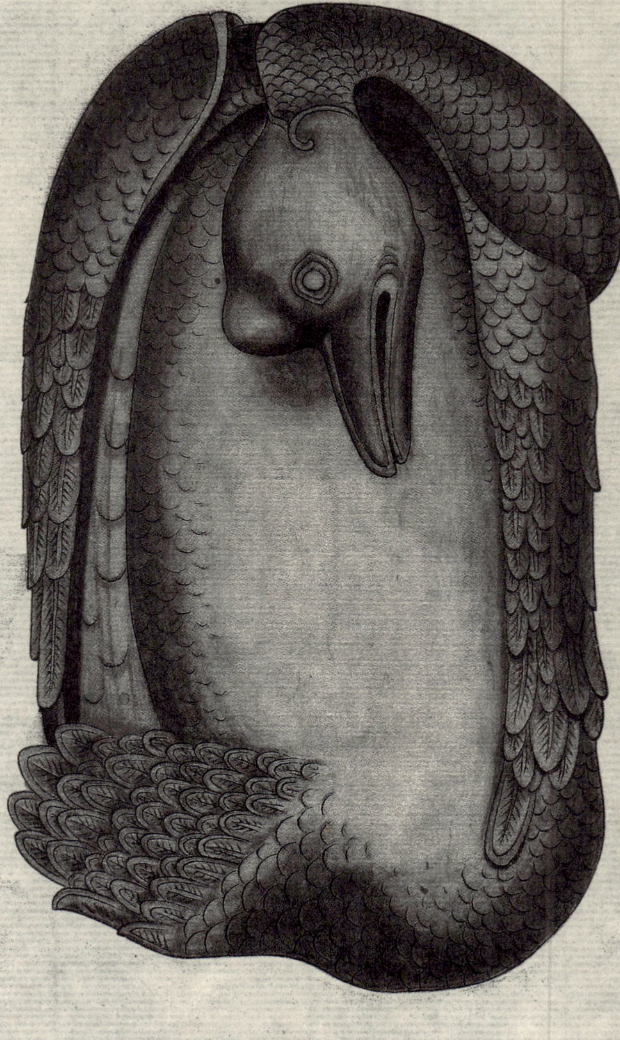

舊端石戴硯說

硯高七寸寬三寸六分厚四分舊端溪子石琢為戴形戴背平處受墨上方及左窪下為墨池戴頸左宛覆墨池如梳翎狀尾左翹左右翼抱硯邊硯背刻作雙掌劃波上方鐫

御題詩一首楷書鈐寶二曰乾隆是硯石質刻鏤並皆佳妙龍戴換書數典亦雅文房中逸品也匣蓋鐫

御題詩與硯同隸書鈐寶二曰比德曰朗潤

御製題舊端石鸞硯

老阬子石誰磨礱不辨製自南北宋或是右軍撫玩羅化作鶂鶂傲池鳳其溫如玉起舜環其潤如露餘堯甕近雖外景寫黃庭處硯嗤哉屏弗用

舊端石雲芝硯正面圖

繪圖十分之八

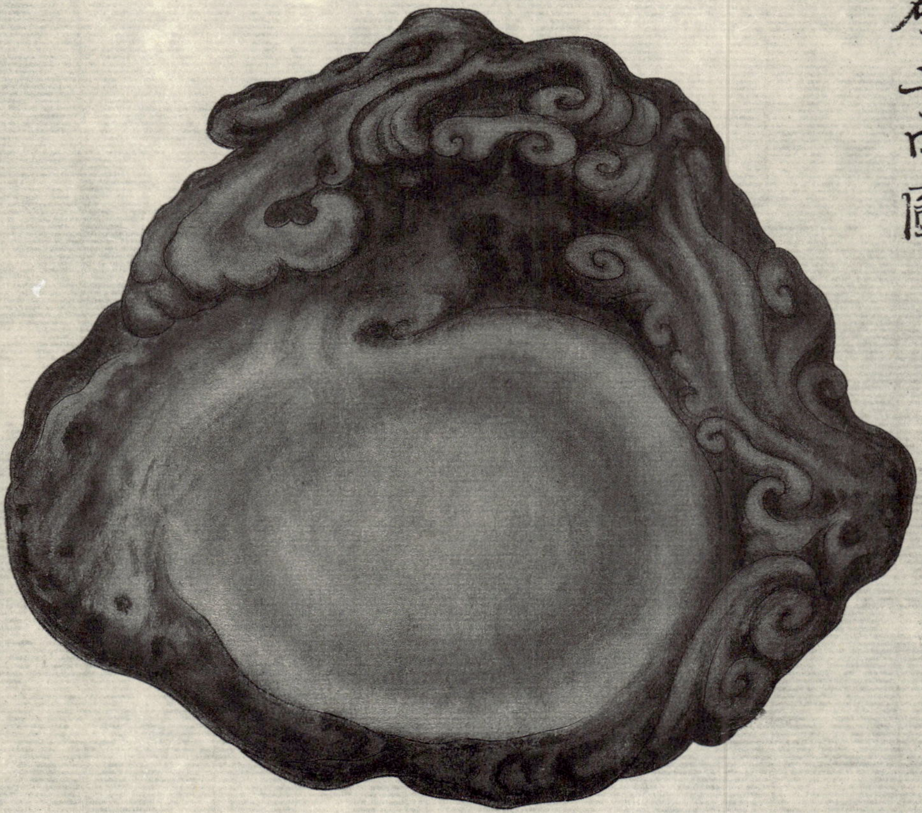

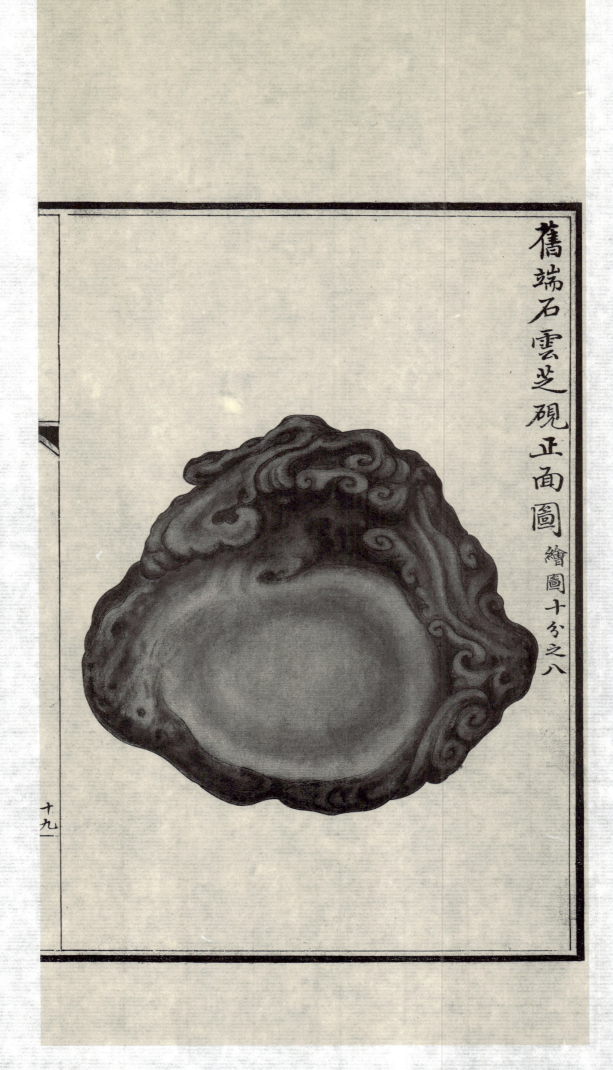

舊端石雲芝硯說

硯高四寸六分上寬二寸七分下寬五寸厚五分許舊端溪天然子石質紫而潤通體刻作芝形受墨處為一大芝如盂上方攢生八芝莖旁微凹為墨池硯背芝蔕歧生四芝輪囷渾古真有瑞液潛蒸紫雲層綴之象背右下方稍平處鐫

御題詩一首楷書鈐寶二曰古香曰太璞匣蓋並鐫是詩隸書鈐寶二曰會心不遠曰德充符

御製題舊端石雲芝硯

質已珎龍尾色猶葆馬肝㴱宜吐雲氣靜足助文瀾恒

此披三秀堪因消四難日新伴棐几銘似讀湯盤

舊端石松皮硯正面圖 繪圖十分之八

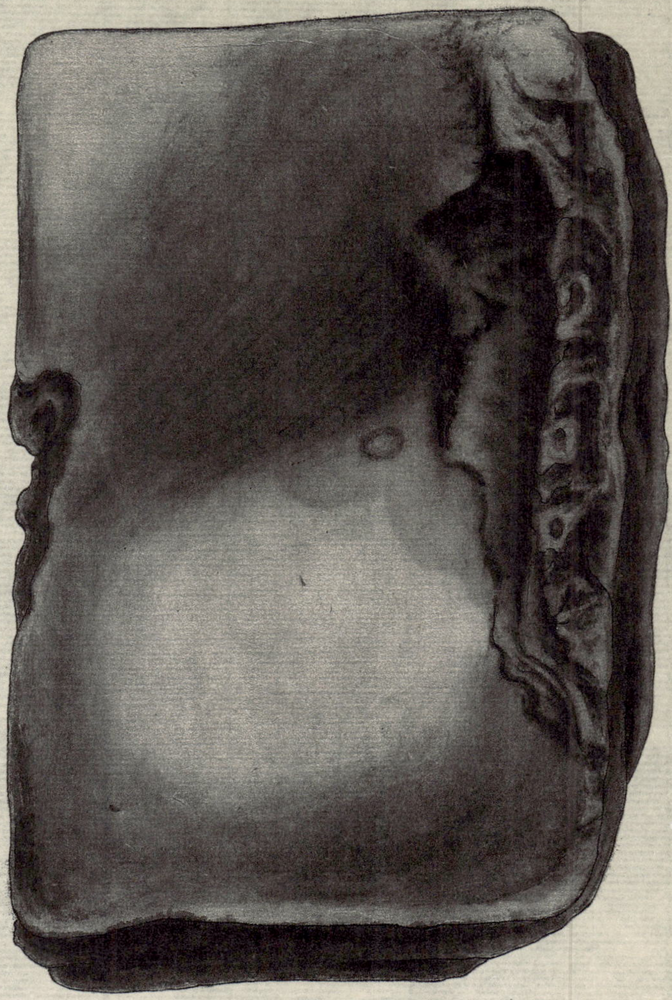

二十二

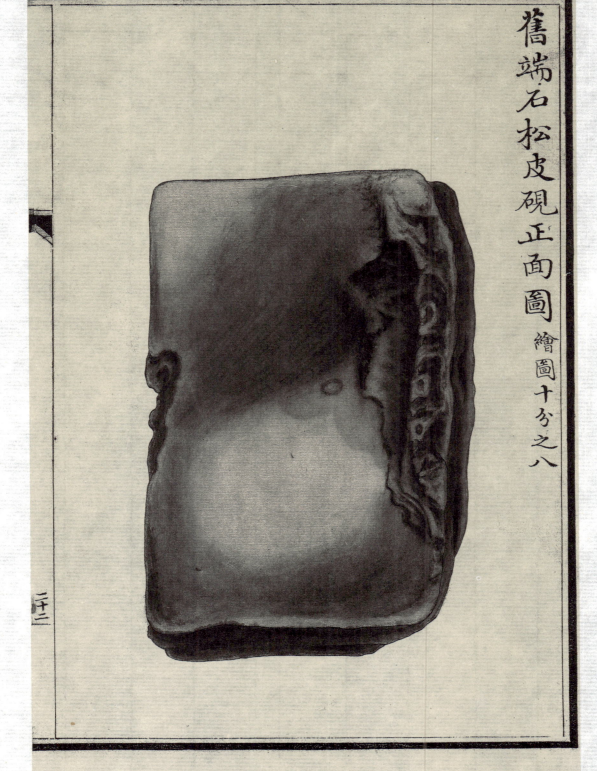

舊端石松皮硯說

硯高五寸二分寬三寸五分厚七分許舊水坑端石為之質理細潤蕉白瑩潔刻作松段硯面右方就木節凹處為墨池背刻松皮鱗紋隱起上下側面俱有火捺宛如木理截處佳手所製也背左方有銘六字篆書下有黍谷二字長方印一不知何人右方鐫

御題銘一首楷書鈐寶二曰乾隆匣蓋並鐫是銘隸書

御製舊端石松皮硯銘

蕉葉白松皮青堅且潤廉以貞出水岩龍爲睛黍谷春

研田耕

乘谷銘　唯爾壽永无咎

舊端石括囊硯正面圖

繪圖十分之七

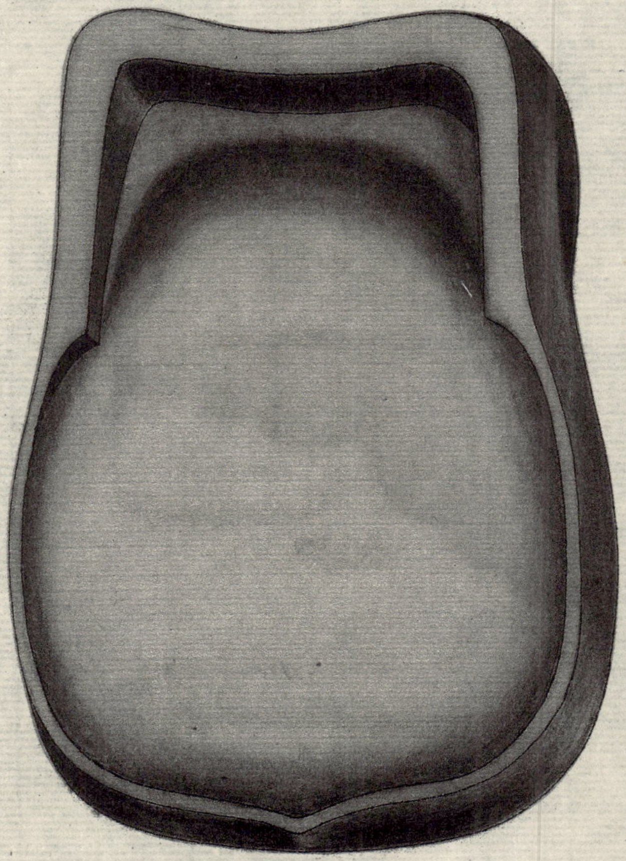

舊端石括囊硯背面上方銘款圖

舊阬端石今希有搜尋
內庫獲以筍凡物顯晦
亦有時彰之彌因閟之
久質為烏玉連城琢形
作括囊三緘口慎不害
已演坤爻更申金人銘
義守想當熙寧紹聖間
權奸用事正人醜然而
時豈無忠臣讜論直言
頻納牖愲然鑒古更惕
然恐論人明論已否
乾隆戊戌御題

御製題舊端石括囊硯

舊阬端石今希有摟尋内庫獲以茍凡物顯晦亦有時彰之彌因閟之久質為烏玉連城珎形作括囊三緘口慎不害已演坤文更申金人銘義守想當熙寧紹聖間權奸用事正人醜然而時豈無忠臣讜論直言頻納牖懔然鑒古更惕然恐論人明論已否

二十七

舊端石浮鵞硯正面圖

繪圖三分之二

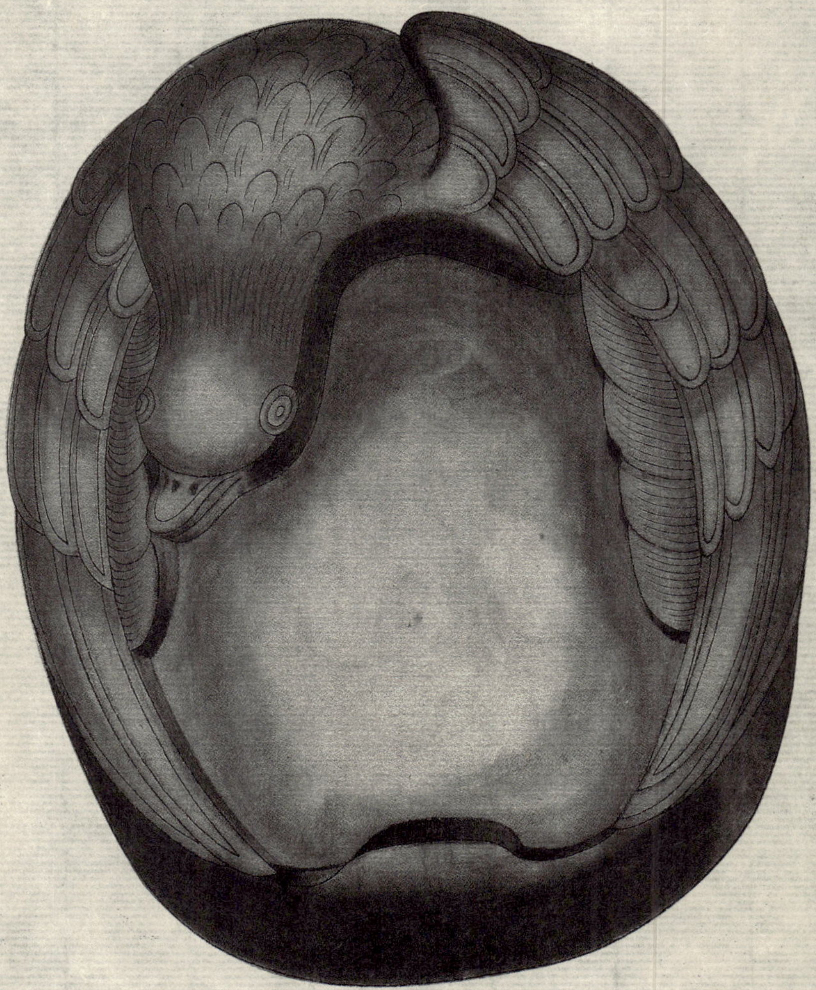

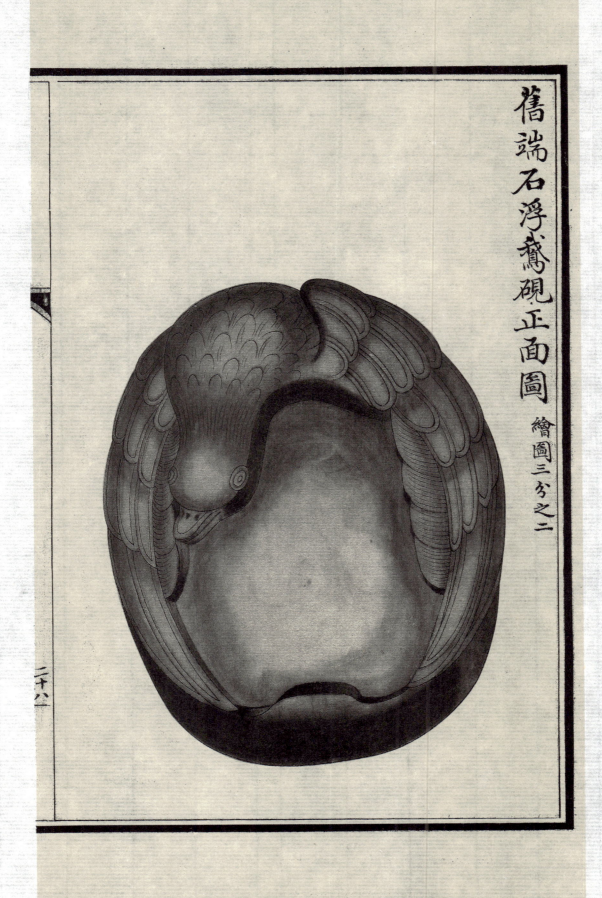

舊端石浮鵞硯說

硯高六寸寬五寸厚八分橢圓式舊端溪石琢為鵞形宛頸翹尾梳翎唼羽宛如浮鵞之浴波鵞背窪處為硯與池相連墨鏽古澁硯背為鵞腹雙掌貼然刻畫古雅中鐫

御題詩一首楷書鈐寶一曰比德匣蓋並鐫是詩隸書鈐寶二曰幾暇怡情曰得佳趣

御製題舊端石浮鵞硯

愛之一筆更書之化石依然守墨池不負主人合如是

山陰道士未應知

舊端石星羅硯正面圖 繪圖十分之五

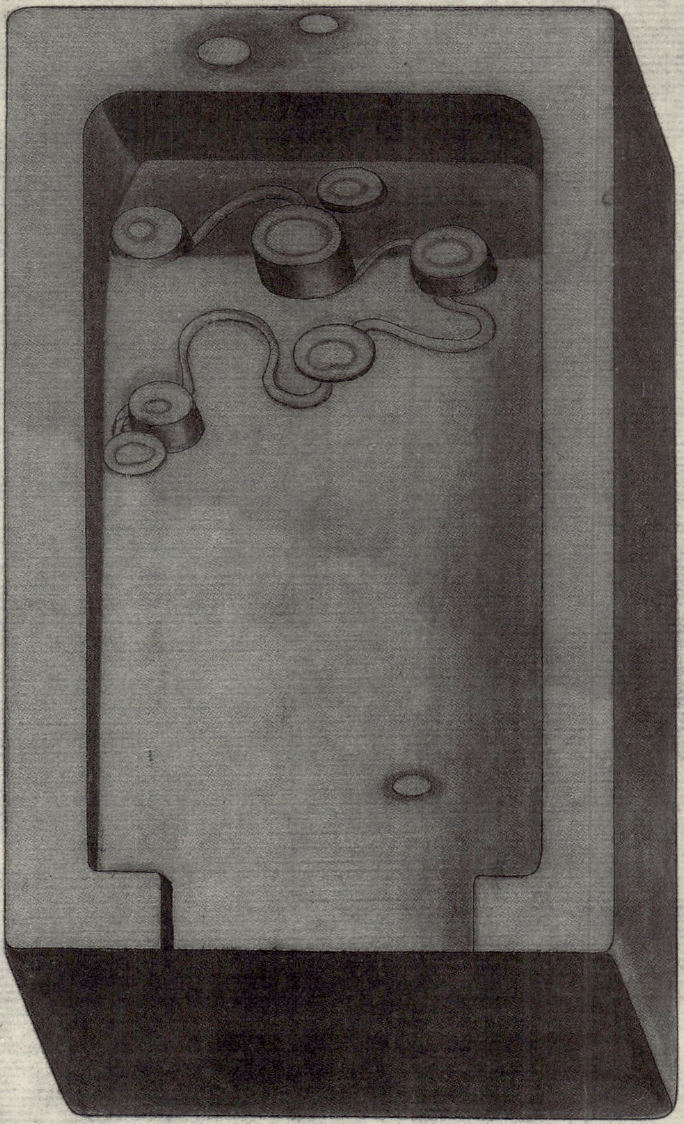

舊端石星羅硯上方側面圖

雖非鸜鵒下巖珎亦自上岩佳品真月鏡設如懸朗鑑星羅何礙衆多陳

乾隆戊戌御題

三十二

並鐫是詩隸書鈐寶二曰乾隆

御製題舊端石星羅硯

雖非鸜鵒下巖珎亦自上岩佳品真月鏡設如懸朗鑑星羅何礙衆多陳

三十四

第十八册

欽定西清硯譜目録

第十八册

石之屬

舊端石七螭硯

舊端石海日初升硯

舊端石多福硯

舊端石驪珠硯

舊端石十二章硯

舊端石七螭硯正面圖 繪圖十分之六

舊端石七螭硯上下方側面圖

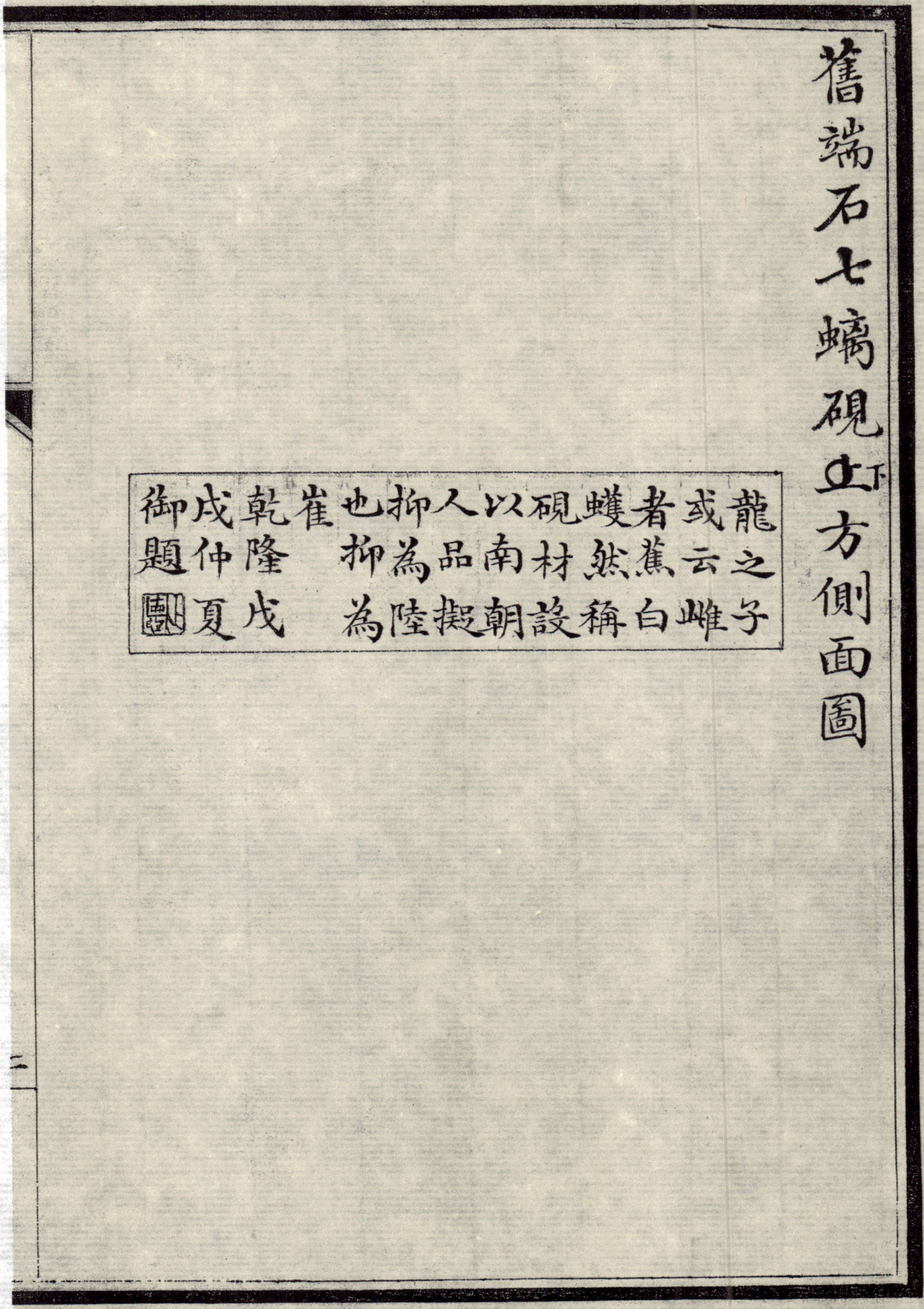

御製題舊端石七螭硯

龍之子或云雌者蕉白蠖然稱硯材設以南朝人品擬

抑為陸也抑為崔

三

舊端石海日初升硯正面圖

繪圖十分之八

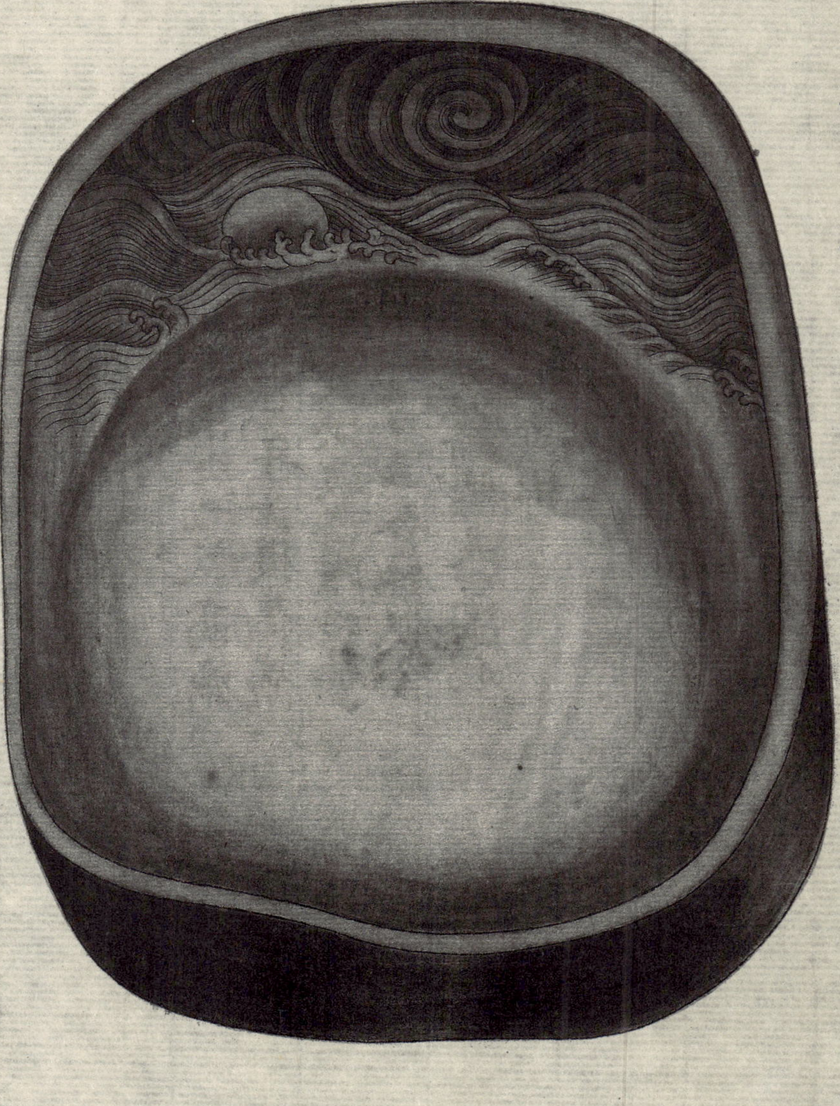

舊端石海日初升硯說

硯高五寸七分寬四寸九分厚一寸二分端溪子石為之因其天然式橢圓而微側石質瑩潤中隱帶青花墨池刻作海水騰躍日輪湧起真有懸曦朗曜萬象昭融之勢硯背鐫

御題銘一首楷書鈐寶二曰比徳曰朗潤匣蓋並鐫是銘隸書鈐寶二曰會心不遠曰徳充符

御製舊端石海日初升硯銘

海天初月未央之甎高濂硯譜仿以向年茲獲舊端初日麗天洪波騰躍昭融朗懸曰升曰恒合璧雙全綈几研朱綸綍是宣惠我蒸民如被黄棉

御題銘不寫於此處
今已另添圖一頁可
移寫於下

舊端石多福硯正面圖

繪圖十分之五

七

此即所謂另漆圖一頁也

舊端石多福硯下方側面圖

天然多福久弆乾清兹雖刻畫頗類天成色黝而澤面寬且平物必有偶賚來作朋欽時敷錫萬國咸寧

乾隆御銘

舊端石多福硯說

硯高一尺一寸寬七寸九分厚一寸九分許舊端溪老坑石也紫色而潤硯面寬平墨池深廣中刻孔雀一翔舞雲際邊周刻流雲蝙蝠二十七上下向背各極其態覆手深二分下方側面鐫

御題銘一首楷書鈐寶二曰幾暇怡情曰得佳趣匣蓋並鐫是銘隸書鈐寶二曰乾隆考端石採自石洞捫壁鑿髓故子石佳者易得而大硯難精是硯大

御製舊端石多福硯銘

天然多福久弆乾清茲雖刻畫頗類天成色黝而澤面寬且平物必有偶賁来作朋斂時敷錫萬國咸寧

十

舊端石驪珠硯正面圖 繪圖十分之六

十二

舊端石驪珠硯附銘款圖

十二

御題詩一首楷書鈐寶一曰比徳匣盖並鐫是詩隸書

鈐寶二曰比德曰朗潤

十三

御製題舊端石驪珠硯

橢圓佳品宜墨受深池平面斜居右環刻渤海起波濤鸜鵒為珠驪龍守緯蕭之義不言圖意喻緄阬取石否天吴海童相遘迕或突而遊或闖走木華賦句鎔鑄中復有奇觀鏤覆手衆星羅列柱之端巨者為月麗上首是皆活眼非假借如印濵澥上下偶我獨箕疇審省從所願綏豐福九有

十四

图一件

舊端石十二章硯側面圖

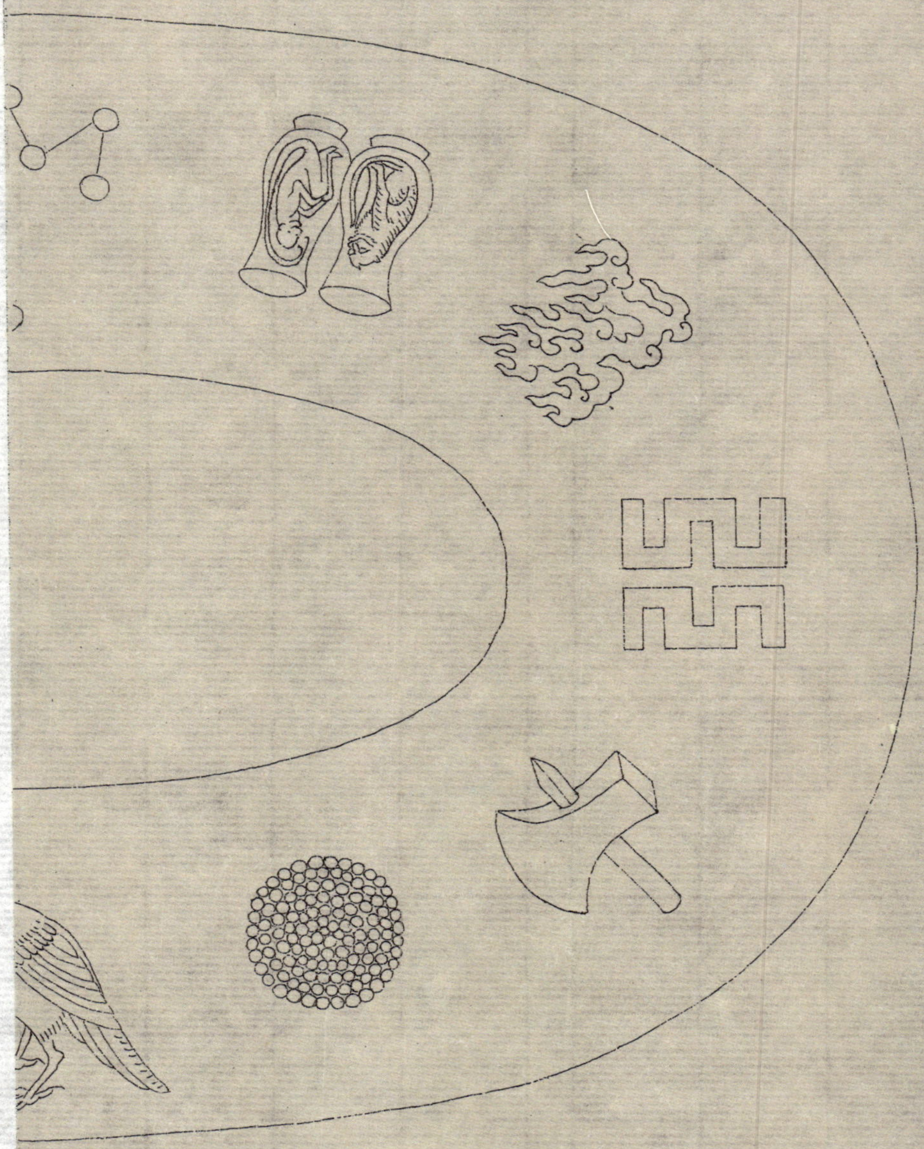

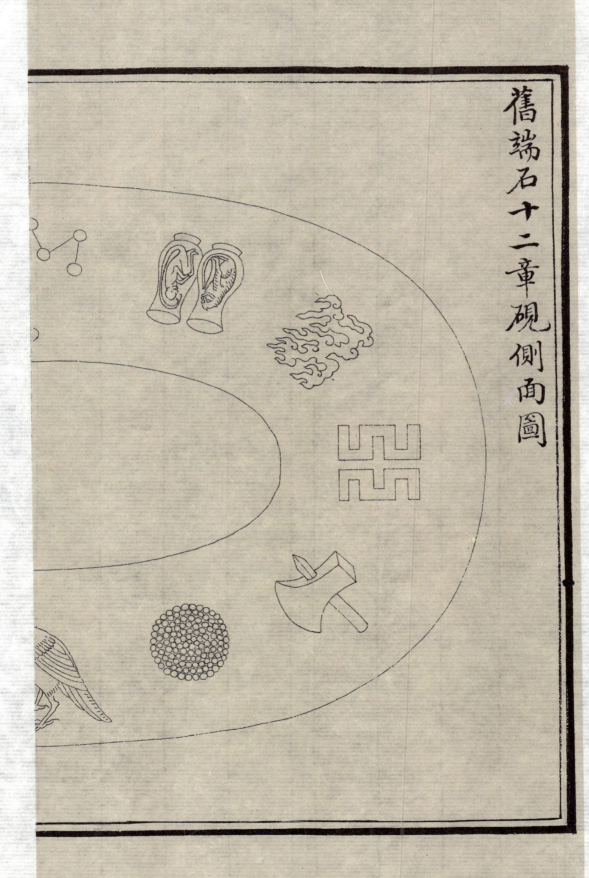

舊端石十二章硯說

硯高八寸一分寬六寸厚二寸三分橢圓式舊端溪老坑石受墨處亦橢圓而微偏右下方墨鏽光潤四圍周刻海濤上方龍一向左左旁有眼如珠下有小龍攫之為相戲狀右旁有大魚一側面周刻十二章覆手深一寸三分許中刻雲霞山水長短柱三十有六柱各有眼跗周鐫

御題詩一首楷書鈐寶一曰朗潤匣蓋並鐫是詩鈐寶

御製題舊端石十二章硯

周刻虞章意創新幾曾上古有龍賓眼中却合堯夫句三十六宫都是春

十八

舊端石天然六星硯正面圖 繪圖十分之六

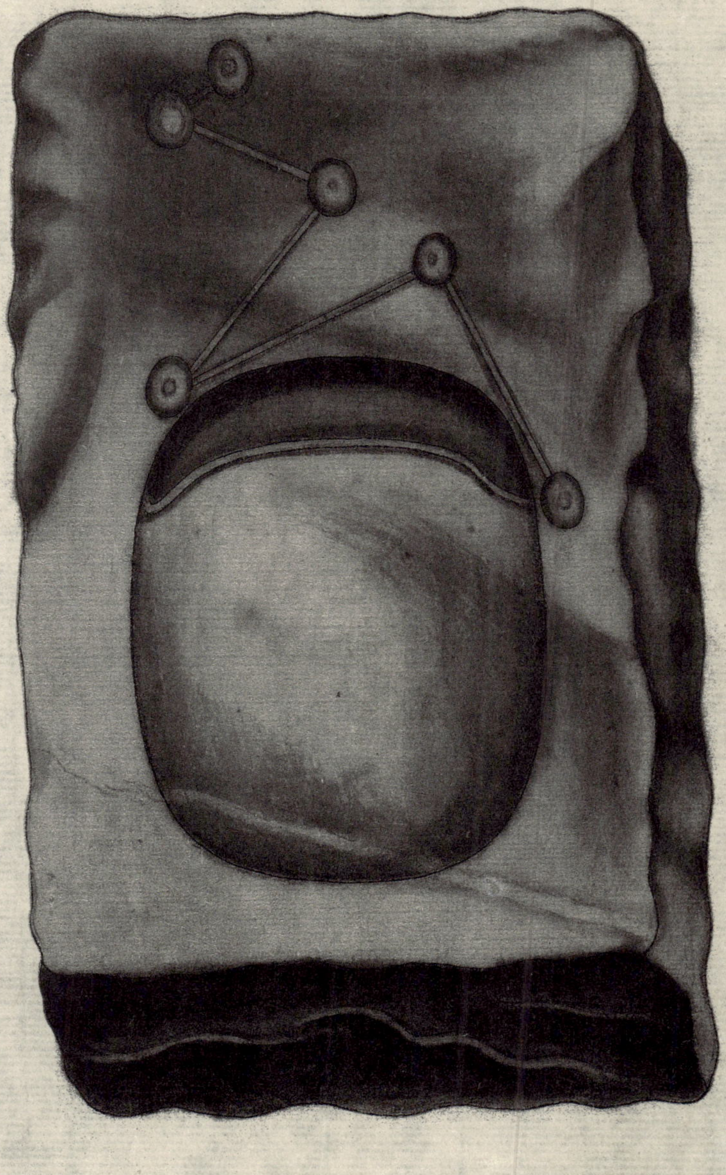

十九

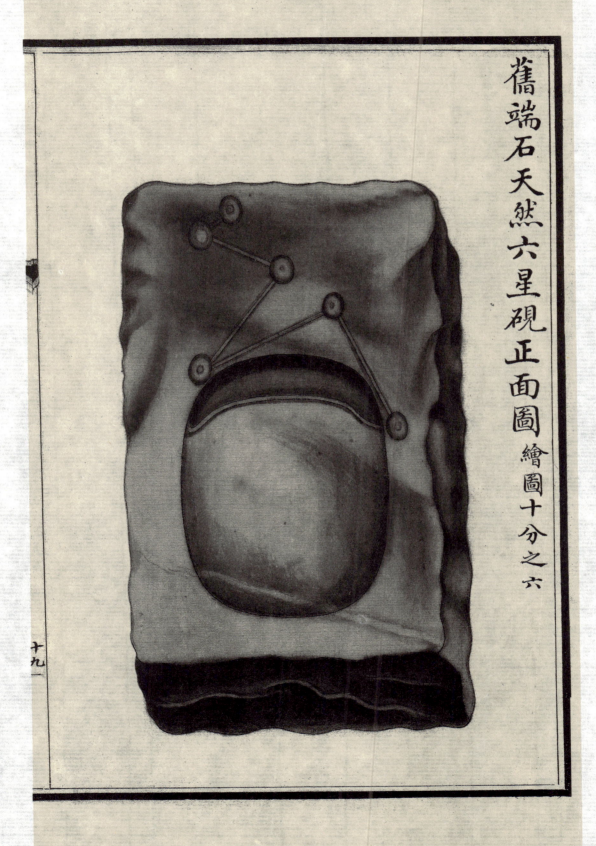

舊端石天然六星硯説

硯高七寸二分寬四寸八分厚九分舊坑端石也

肌理温潤遍體青花隱起受墨處橢圓式墨池如

偃月上有鸜鵒活眼六纍如貫珠因其自然形勢

聯絡為南斗六星下方斜帶翡翠痕側面就石凹

凸略加礲治背鐫

御題詩一首楷書鈐寶二曰乾隆匣蓋並鐫是詩隸書

鈐寶同

二十

御製題舊端石天然六星硯

天然猶見舊坑青鸜鵒高低現六星元命苞如喻成就斯文萬物解形形

二十一

舊端石四螭硯正面圖

繪圖十分之八

二十二

舊端石四螭硯説

硯高五寸寬三寸九分許厚七分舊坑端石色紫而澤琢為橢圓式墨池中刻子母蟠螭二流雲擁繞上方邊左右兩螭内抱刻劃古雅墨鏽深厚覆手深一寸分許邊有翡翠痕三點中鐫

御題銘一首楷書鈐寶二曰會心不遠曰德充符匣蓋並鐫是銘隸書鈐寶同

御製舊端石四螭硯銘

理細以潤色黝而紫棄置内庫百餘年已拂之拭之用供綈几如絲出綸惟是慎止繪句絺章則其小矣

舊端石雁柱硯正面圖 繪圖十分之六

舊端石雁柱硯上方側面圖

趙宋李唐難辨年鴝睛廿五柱端鐫義山几上若逢此錦瑟那唫五十絃

乾隆戊戌仲夏御題

御製題舊端石雁柱硯

趙宋李唐難辨年鴝睛廿五柱端鐫義山几上若逢此

錦瑟那唫五十絃

舊端石環螭風字硯正面圖

繪圖十分之六

舊端石環螭風字硯說

硯高五寸六分上寬三寸九分下寬四寸五分厚七分許水岩蕉白温潤細膩因其天然琢為風字式受墨處及池俱極深廣邊環刻十五螭勢若相顧霞手徵凹製作渾古中鎸

御製題詩一首楷書鈐寶二曰幾暇怡情曰得佳趣匣蓋並鎸是詩隸書鈐寶同

三十七

御製題舊端石環螭風字硯

端石天然風字存面螭亦浅刻雕痕用之批諾猶深慮草偃於斯豈易言

三十

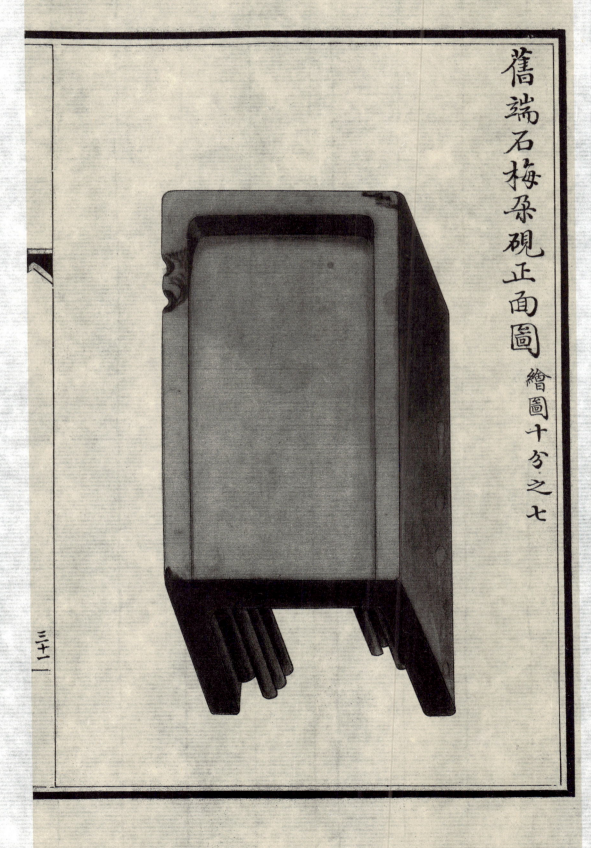

舊端石梅朵硯正面圖

繪圖十分之七

舊端石梅朶硯上方側面圖

梅花坑石性同梅，聚五攢三朶朶開。設贈藝林供點筆，元章縮手意應猜。乾隆戊戌仲春御題

三十二

御製題舊端石梅朶硯

梅花坑石性同梅聚五攢三朶朶開設贈藝林供點筆
元章縮手意應猜

舊端石雲芝硯
舊端石松皮硯
舊端石括囊硯
舊端石浮鷖硯
舊端石星羅硯

舊端石石田硯背面圖

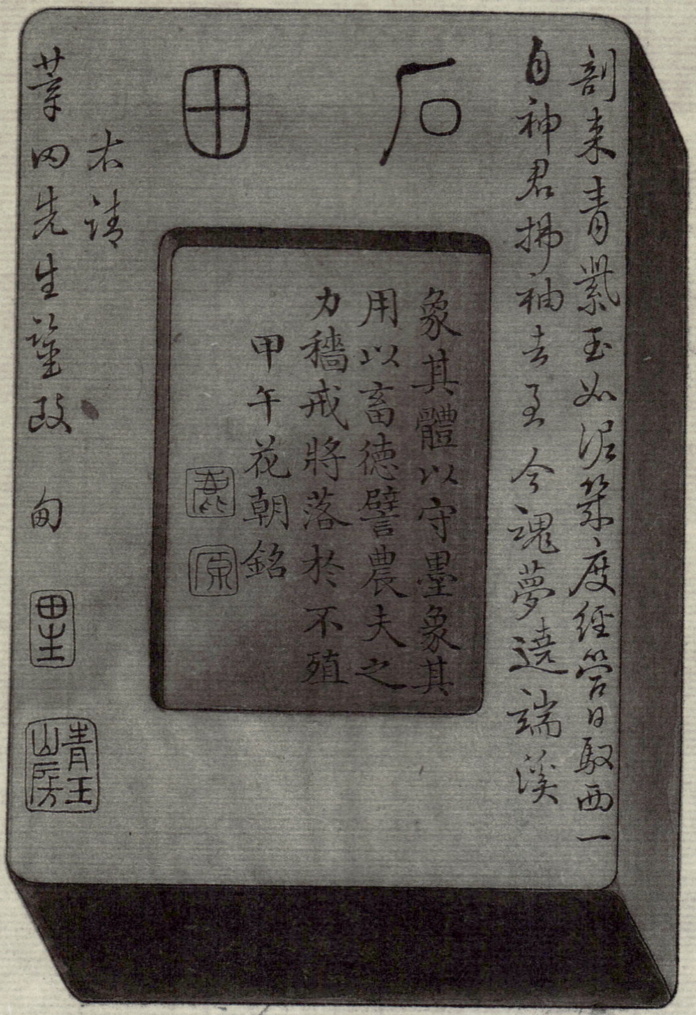
剖來青紫玉如泥節度經營日馭西一
自神君拂袖去至今魂夢遶端溪
石田
象其體以守墨象其
用以畜德譬農夫之
力穡戒將落於不殖
甲午花朝銘
右詩
莘田先生鑒政 甸

舊端石石田硯下方側面圖

幾年端玉
出溪濱學
稼何妨此
作因漫曰
石田耕鮮
穫菑畬經
訓豈孤人
乾隆戊戌
御題

方印一青玉山房四字長方印一硯右側面下方
有葦田十畝之間六字長方印一下方側面鐫
御題詩一首楷書鈐寶二曰古香曰太璞匣蓋並鐫是
詩隸書鈐寶二曰會心不遠曰德充符按林佶字
吉人號鹿原侯官人
本朝康熙年間由中書累官知府善草隸黄任號莘
田永福人康熙壬午舉人官粤東四會令工詩有
硯癖名其齋曰十硯余甸字田生亦閩人曾任蜀

舊端石六龍硯背面圖

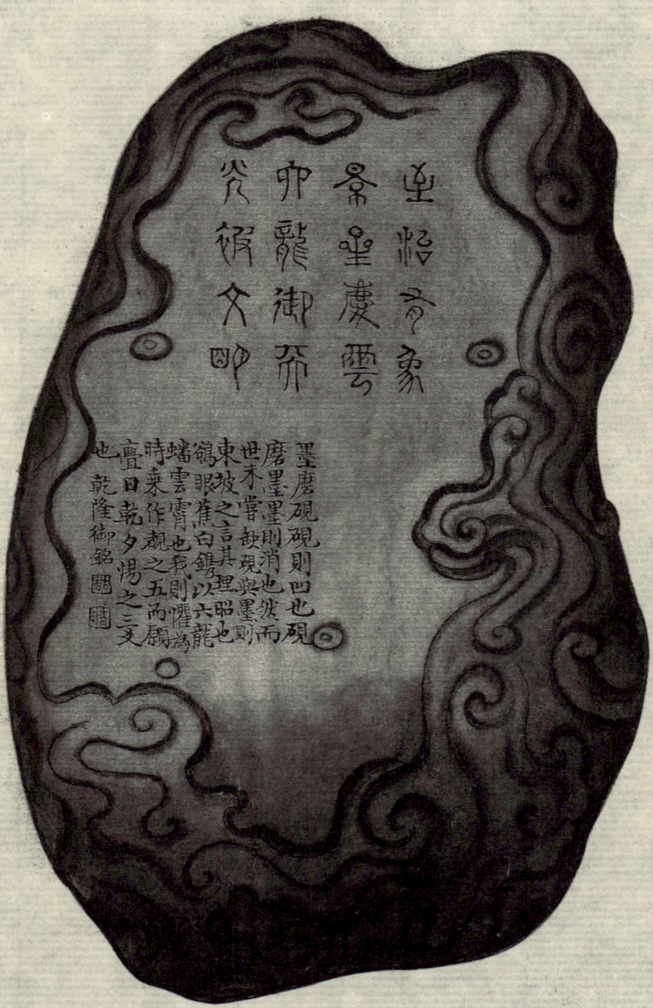
墨磨硯硯則凹也硯
磨墨墨則消也然而
世未嘗缺硯與墨則
東坡之言其理昭也
鶴眼蕉白鐫以六龍
蟠雲霄也義則懼為
時乘作觀之五而顧
亶日乾夕惕之三爻
也乾隆御銘

御題銘一首楷書鈐寶二曰古香曰太璞匣蓋並鐫是

銘隸書鈐寶二曰會心不遠曰德充符

舊端石蟠夔鐘硯背面圖

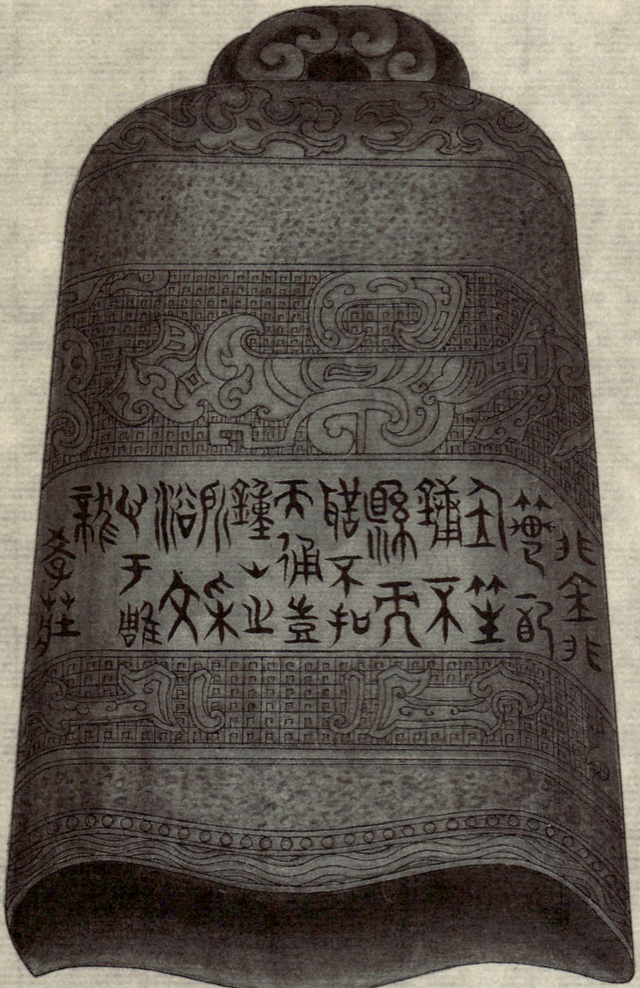

舊端石蟠夔鐘硯說

硯高四寸五分上寬二寸三分下寬二寸八分厚八分許舊坑端石琢為半鐘式硯面及墨池微窪硯背圓仰首刻蟲紐鐘體間刻蟠夔饕餮皆密布雷文作地鐘半橫鐫銘二十四字末有學莊二字款俱篆書學莊未詳何人鐘口刻水波文下方側面鐫

御題詩一首楷書鈐寶二曰古香曰太璞匣蓋並鐫是

舊端石洛書硯背面圖

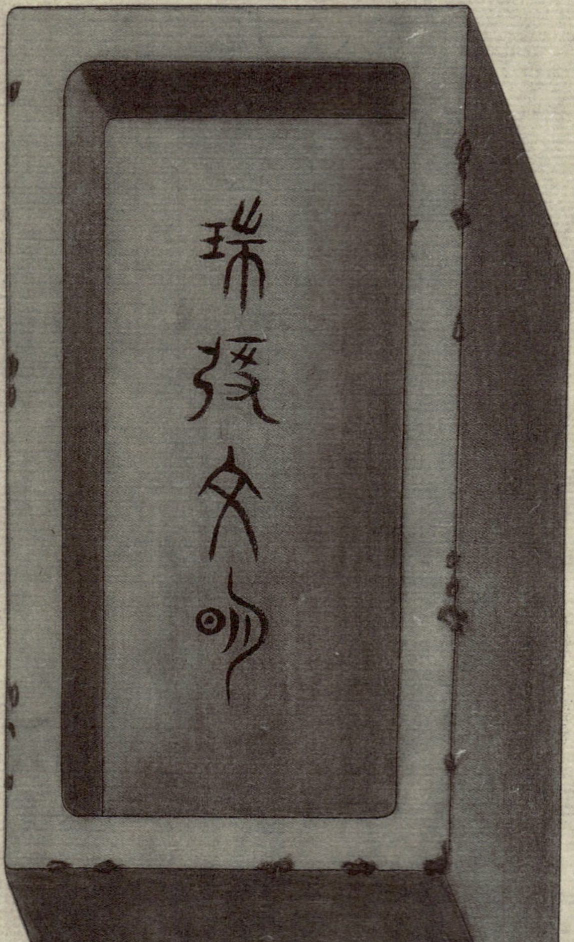

舊端石洛書硯說

硯高四寸九分寬二寸八分厚一寸七分舊端溪下巖辟石長方式硯面正平墨池刻作洛水靈龜負書右顧有騰波蹴浪之勢墨鏽融漬彌見古意邊周刻𣿊紋硯首側面鐫

御題銘一首楷書鈐寶二曰古香曰太璞匣蓋並鐫是銘隸書鈐寶二曰比德曰朗潤覆手深四分許中鐫瑞䕺文明四字篆書不署款

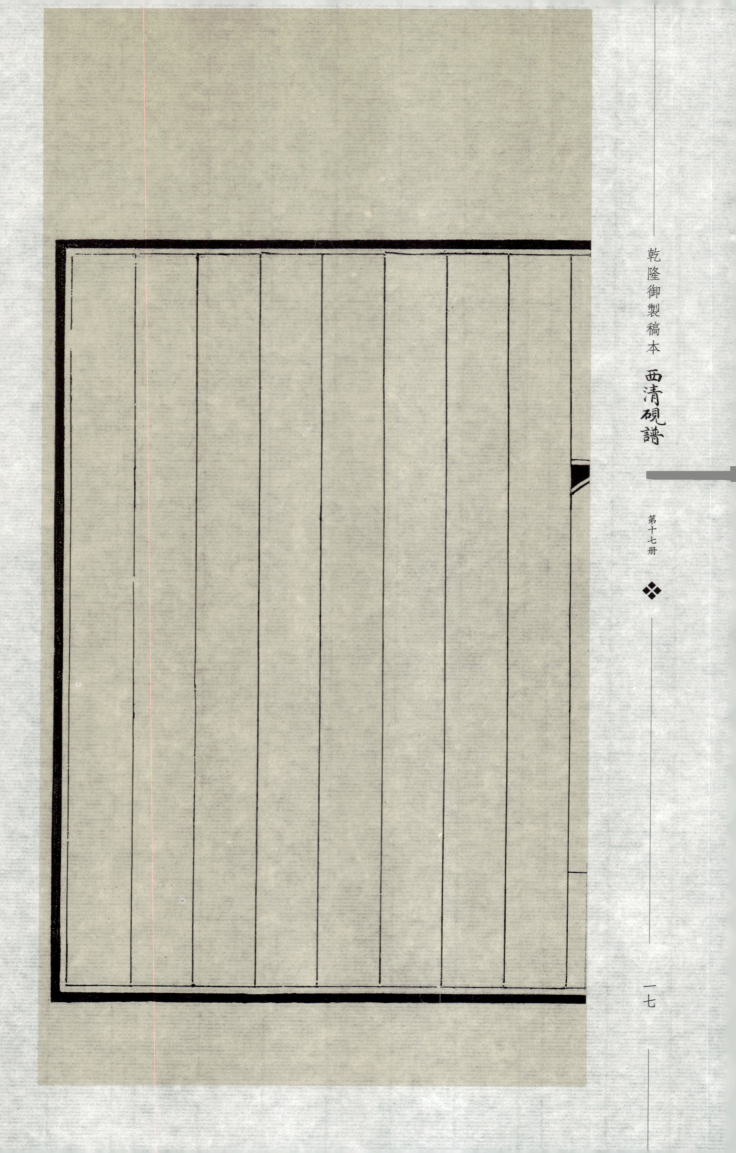

舊端石鷙硯背面圖

老阬千石誰磨
礱不辨製自南
北宋或是右軍
撫玩羅化作鵝
鵝傲池鳳其温
如玉穀舜環其
潤如露餘堯龔
近雖外景寫黃
庭慮硯嗤式屏
弗用
乾隆御題

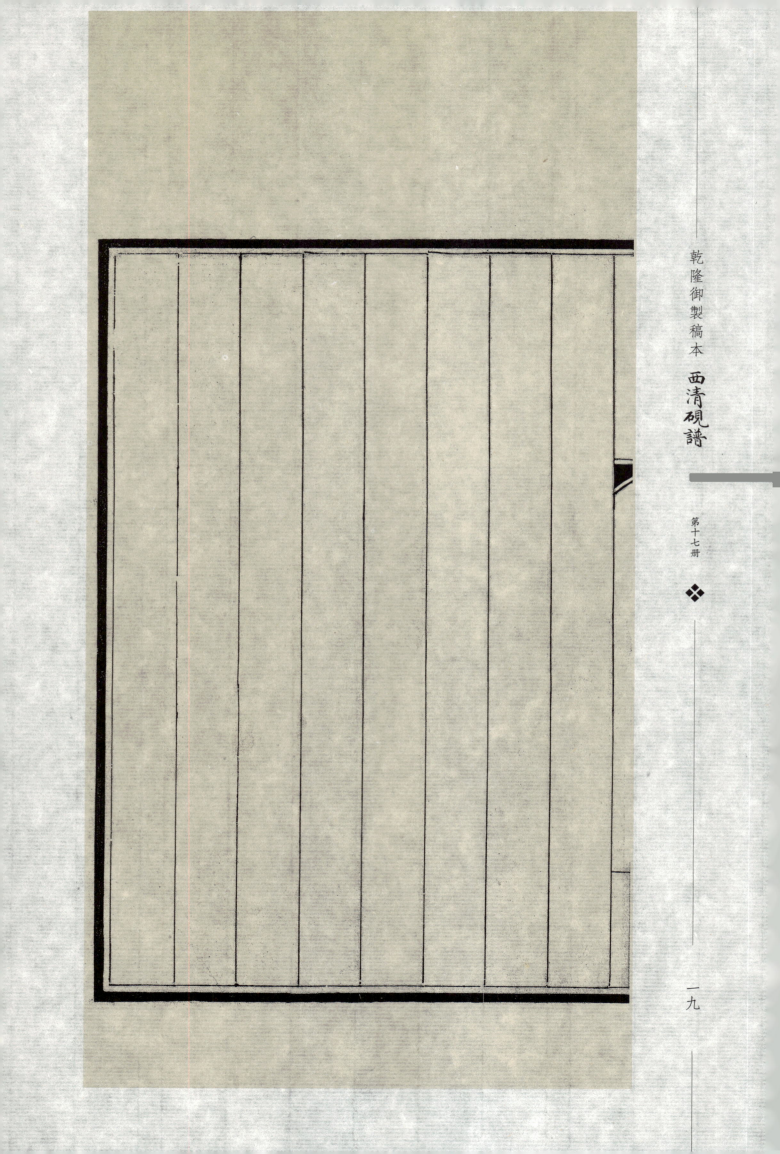

舊端石雲芝硯背面圖

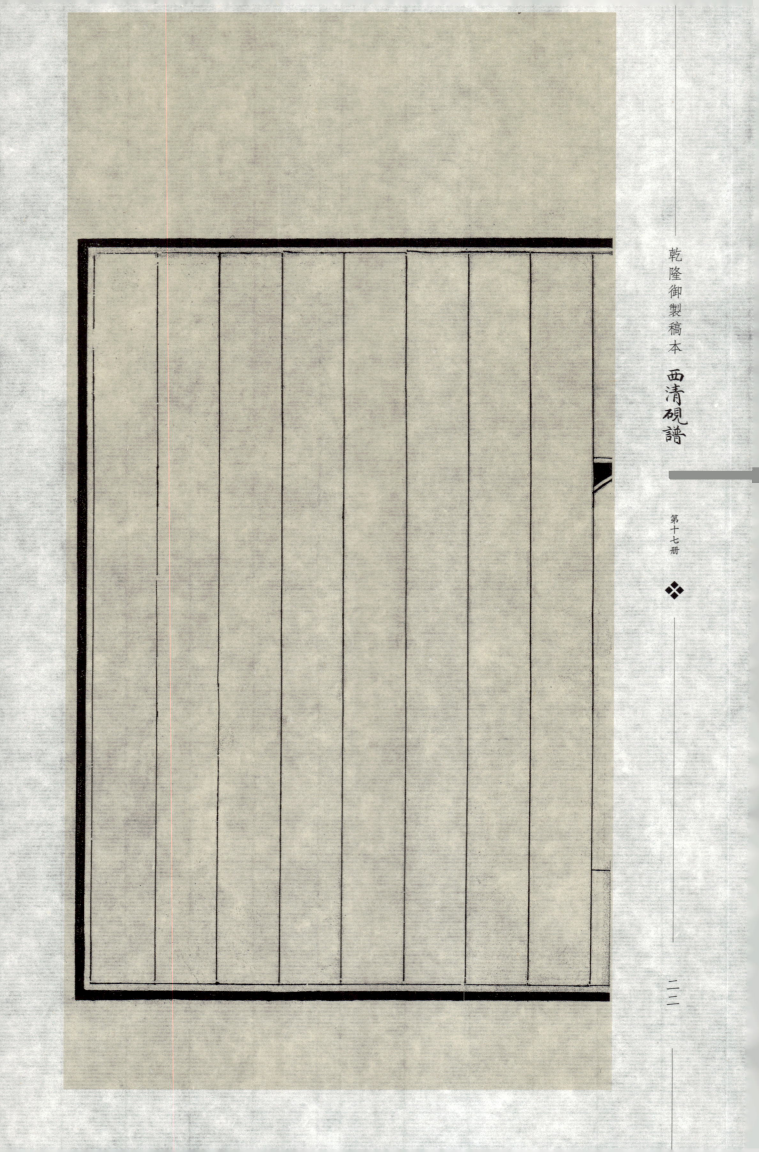

舊端石松皮硯背面圖

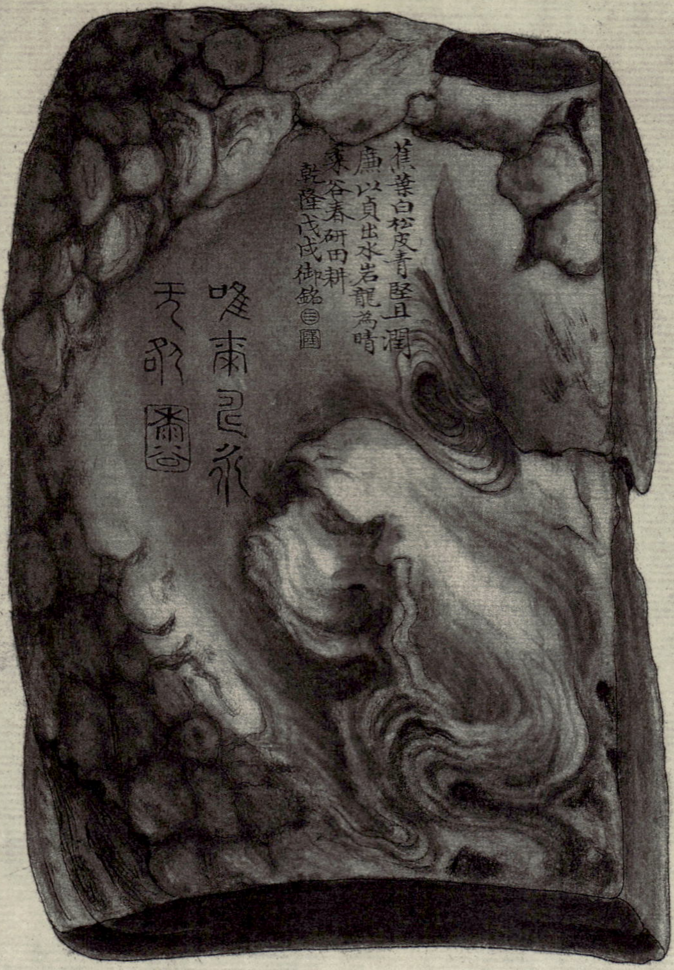

鈐寶二曰比德曰朗潤

舊端石括囊硯背面圖

舊端石括囊硯說

硯高五寸二分上寬二寸八分下寬三寸七分許

厚九分許舊端溪石色淡質細琢為囊形受墨處

寬平上方囊口為墨池墨鏽光瑩古意可掬硯背

上方如囊口反括縚繩下垂左旋右折刀法古勁

括處鐫

御題詩一首楷書鈐寶二曰古香曰太璞匣蓋並鐫是

詩隸書鈐寶二曰比德曰朗潤

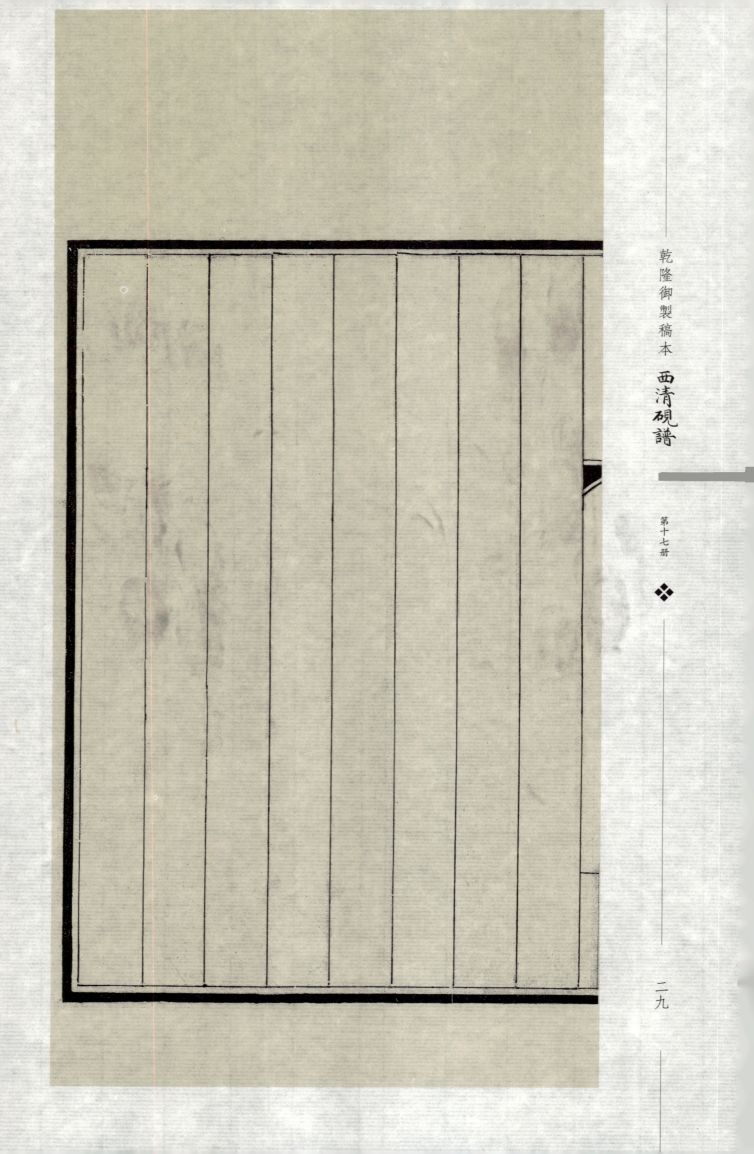

舊端石浮鵞硯背面圖

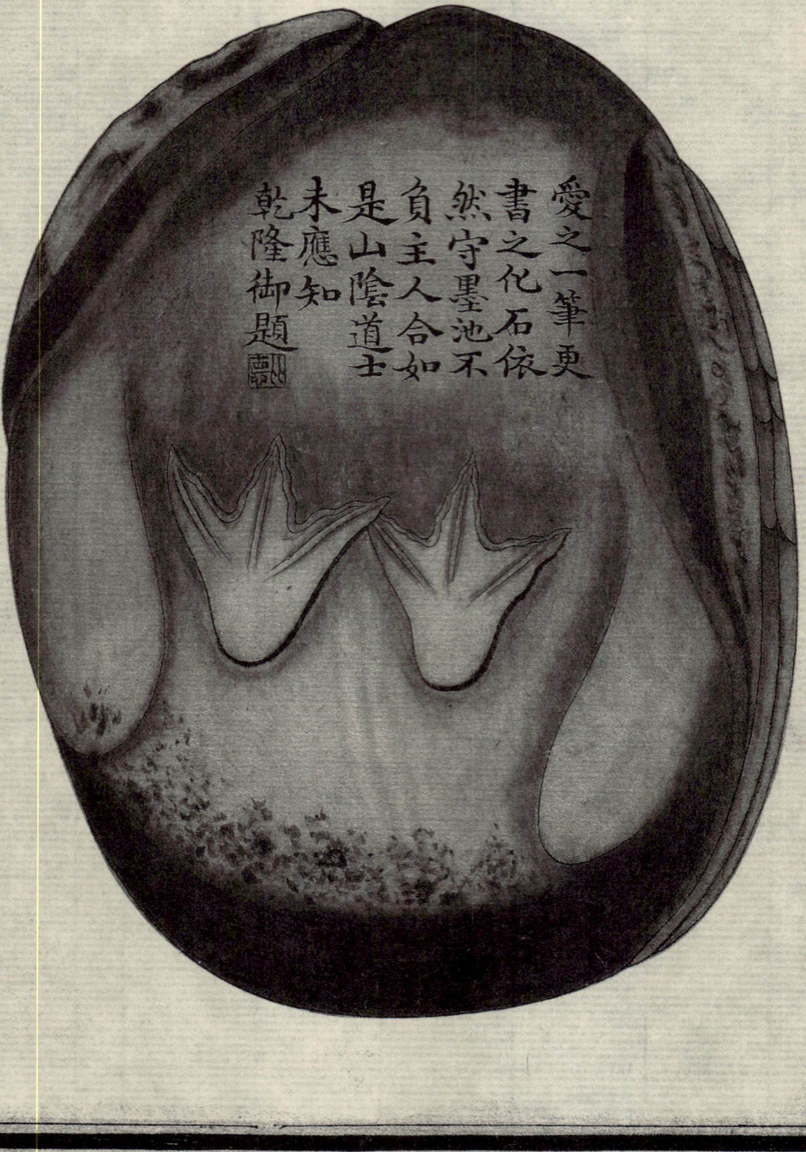

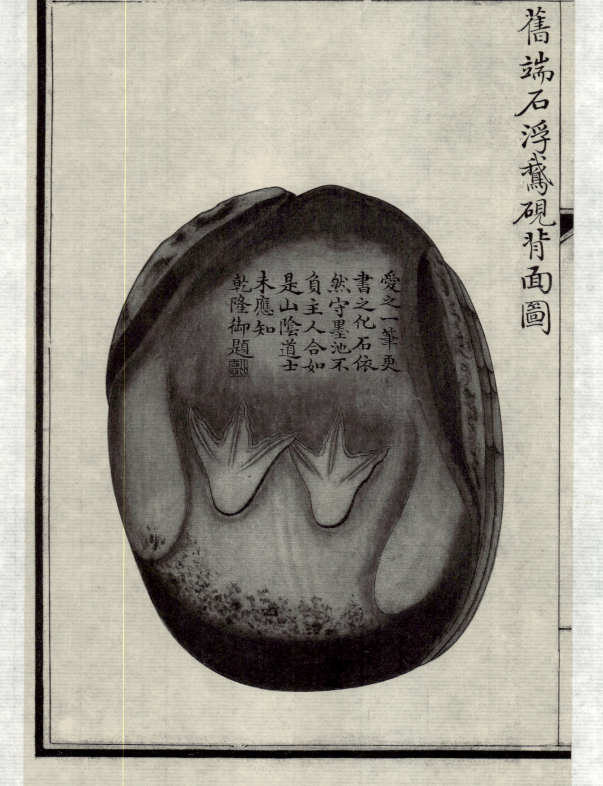

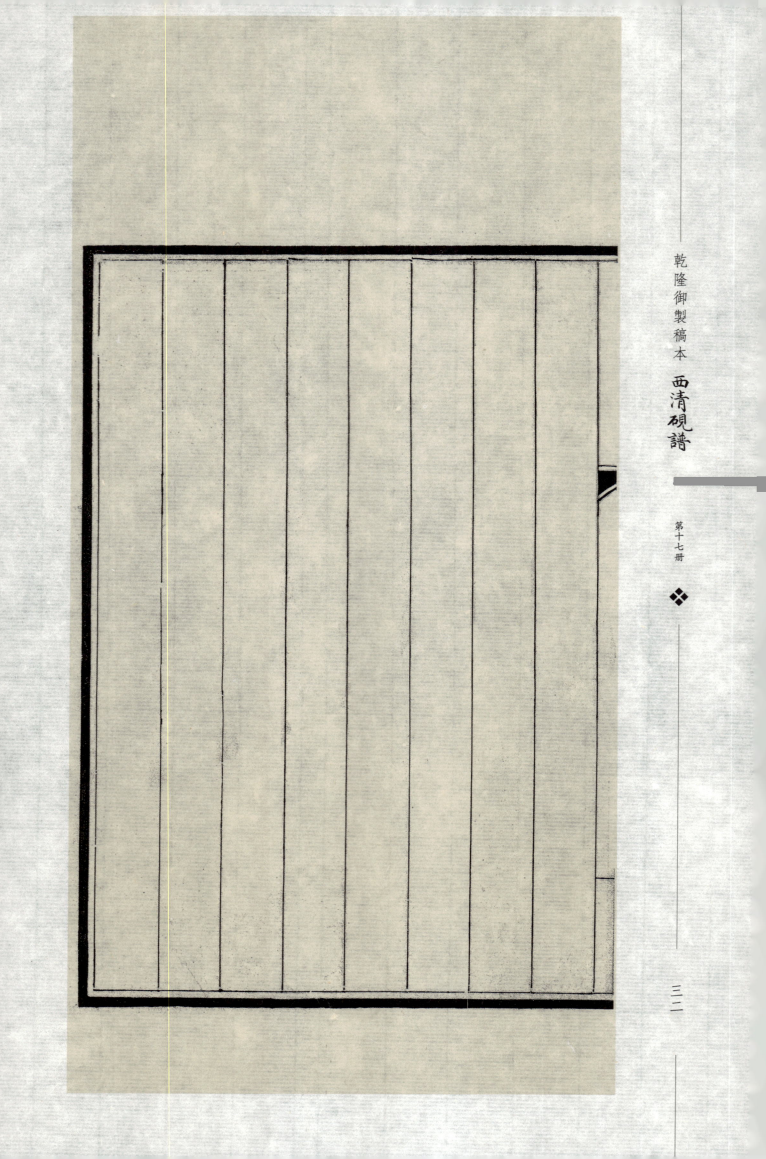

舊端石星羅硯背面圖

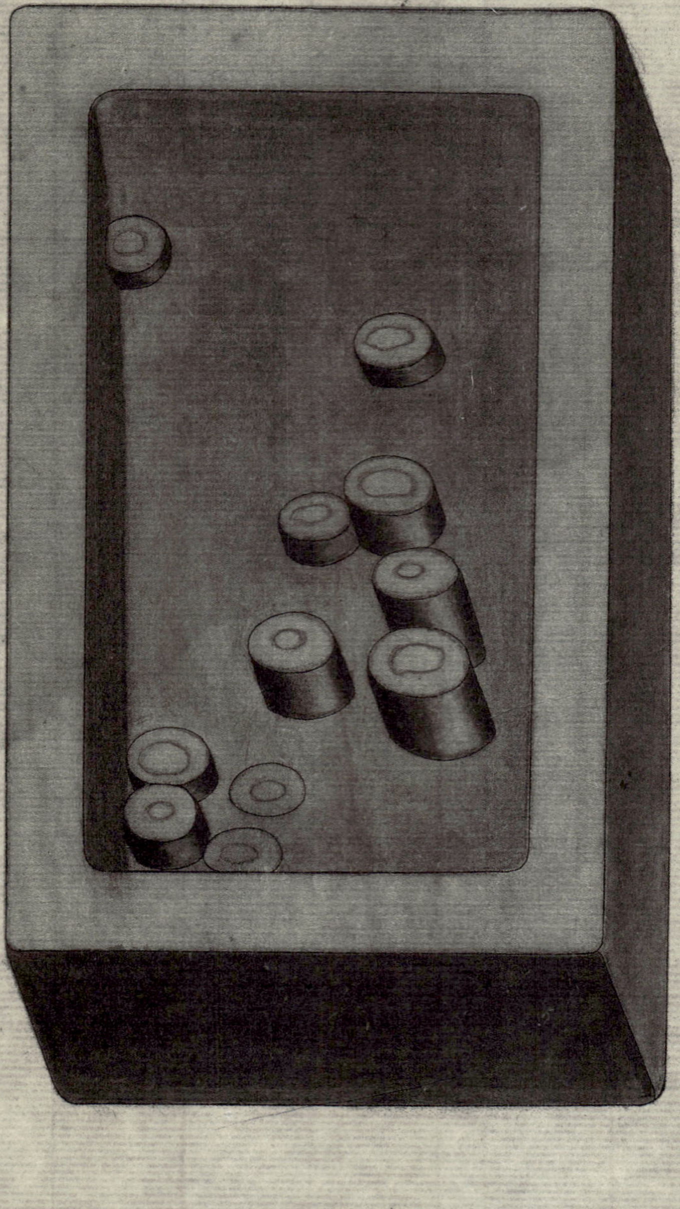

舊端石星羅硯說

硯高八寸六分寬五寸五分厚二寸七分端溪上岩石為之周勒寬邊而缺其下如鉗硯面大小眼十刻為柱凸起者七為七星流雲繞之左右側及跗大小眼共九覆手眼十一亦刻為柱是硯眼不圓而黯雖非下岩鸜鵒而寬平宜墨當為上岩佳品上方側鐫

御題詩一首楷書鈐寶二曰幾暇怡情曰得佳趣匣盖

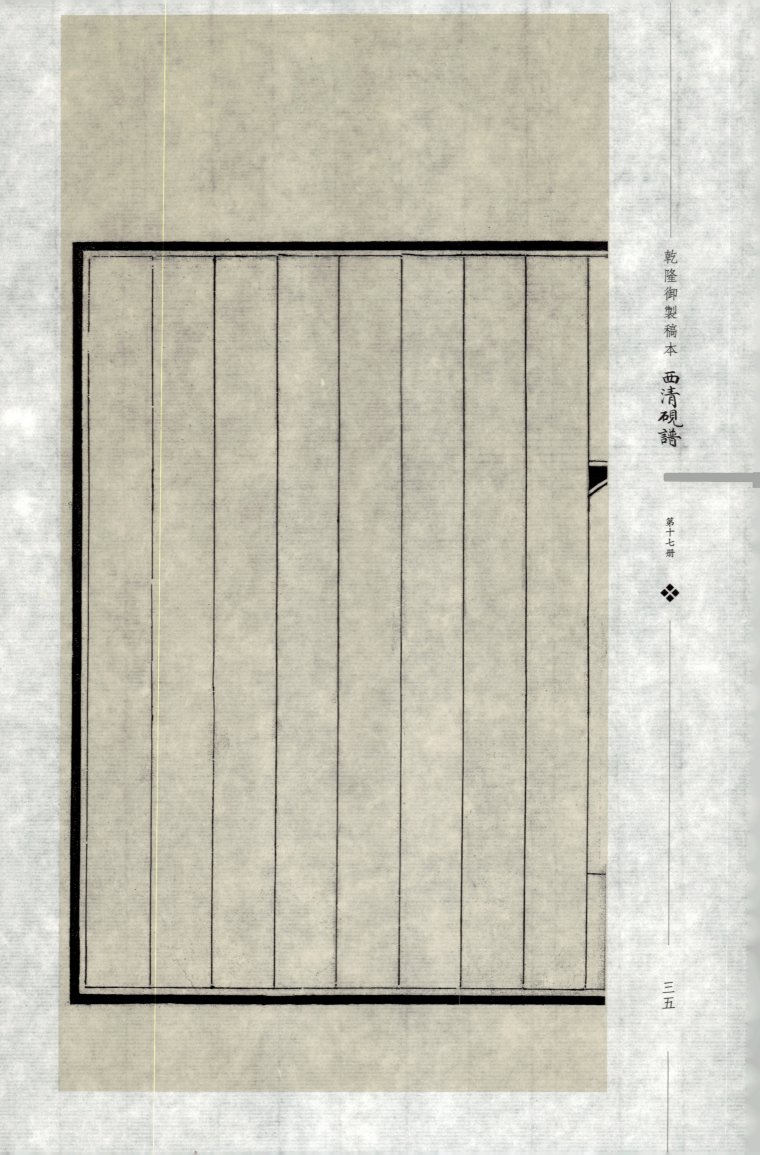

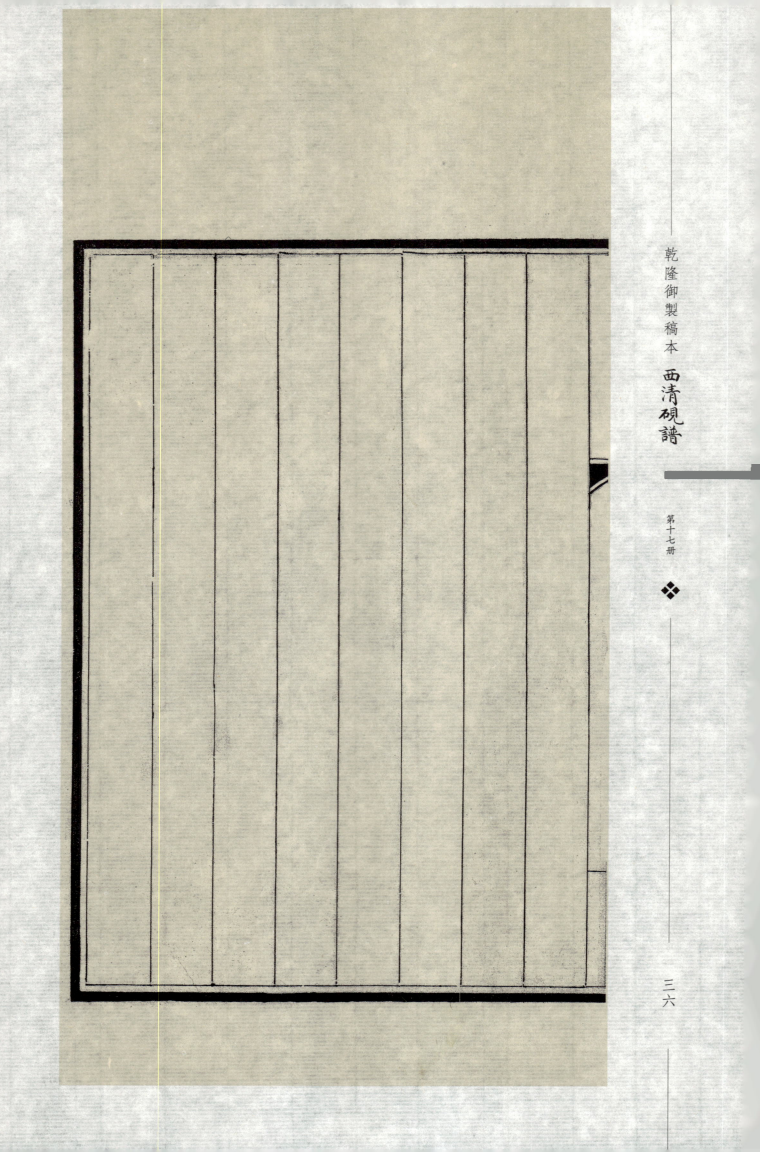

舊端石天然六星硯
舊端石四螭硯
舊端石雁柱硯
舊端石環螭風字硯
舊端石梅朶硯

舊端石七螭硯背面圖

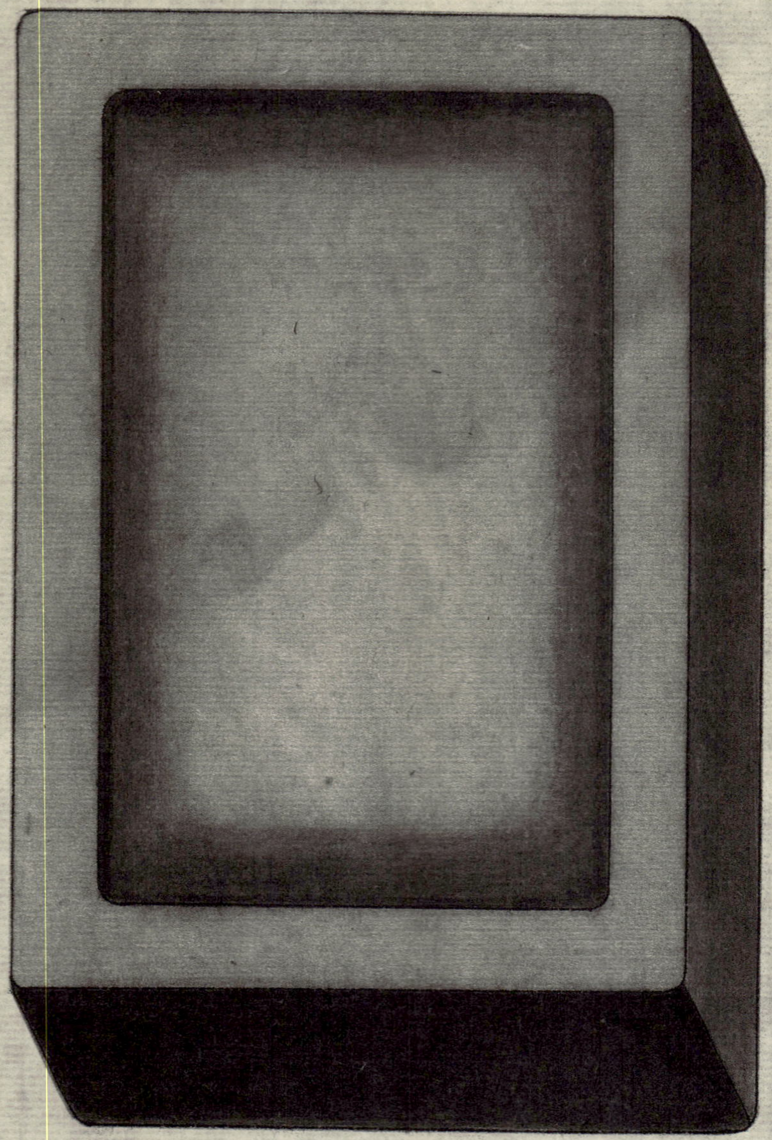

舊端石七螭硯説

硯高七寸五分寬五寸二分厚一寸三分舊端石

蕉葉白也取材瑰博潔潤如玉通體墨鏽光可以

鑑墨池刻蟠螭一邊上方及左右各刻三螭兩兩

相向覆手深一分許下方微露金線紋側面下方

鐫

御題詩一首楷書鈐寶一曰比德匣蓋並鐫是詩隸書

鈐寶二曰乾隆

舊端石海日初升硯背面圖

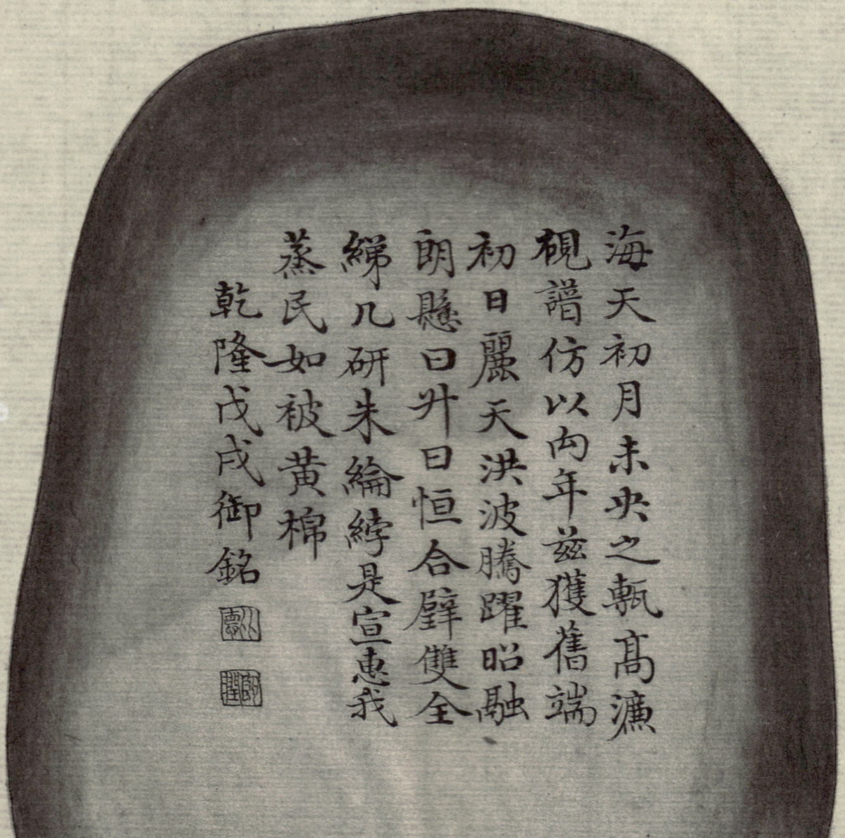
海天初月未央之瓻高濂
硯譜仿以內年茲獲舊端
初日麗天洪波騰躍昭融
朗懸日升曰恒合辟雙全
綈几研朱綸綍是宣惠我
蒸民如被黃棉
乾隆戊戌御銘

舊端石多福硯背面圖

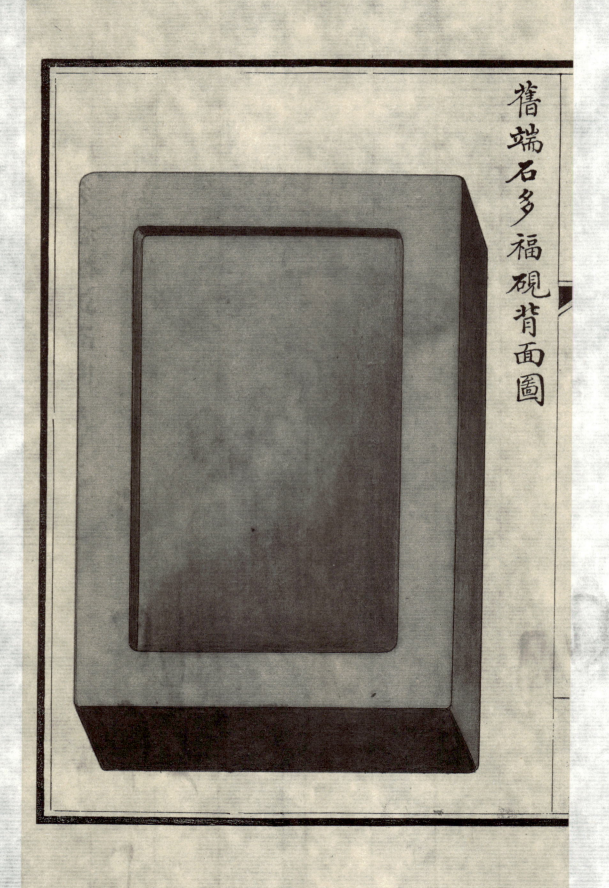

此屬即摘寫說

逾盈尺而細潤無瑕取材既博製作亦精洵硯林
中瓌瑋絶特之觀也

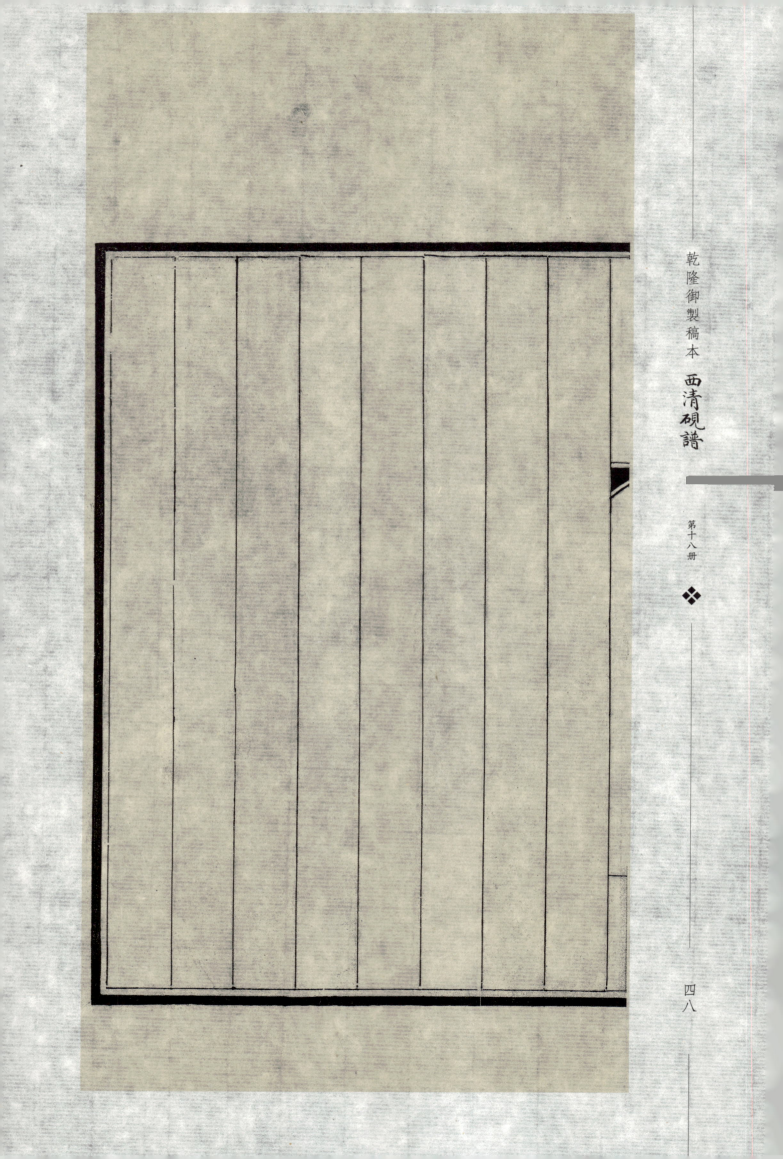

舊端石驪珠硯背面圖

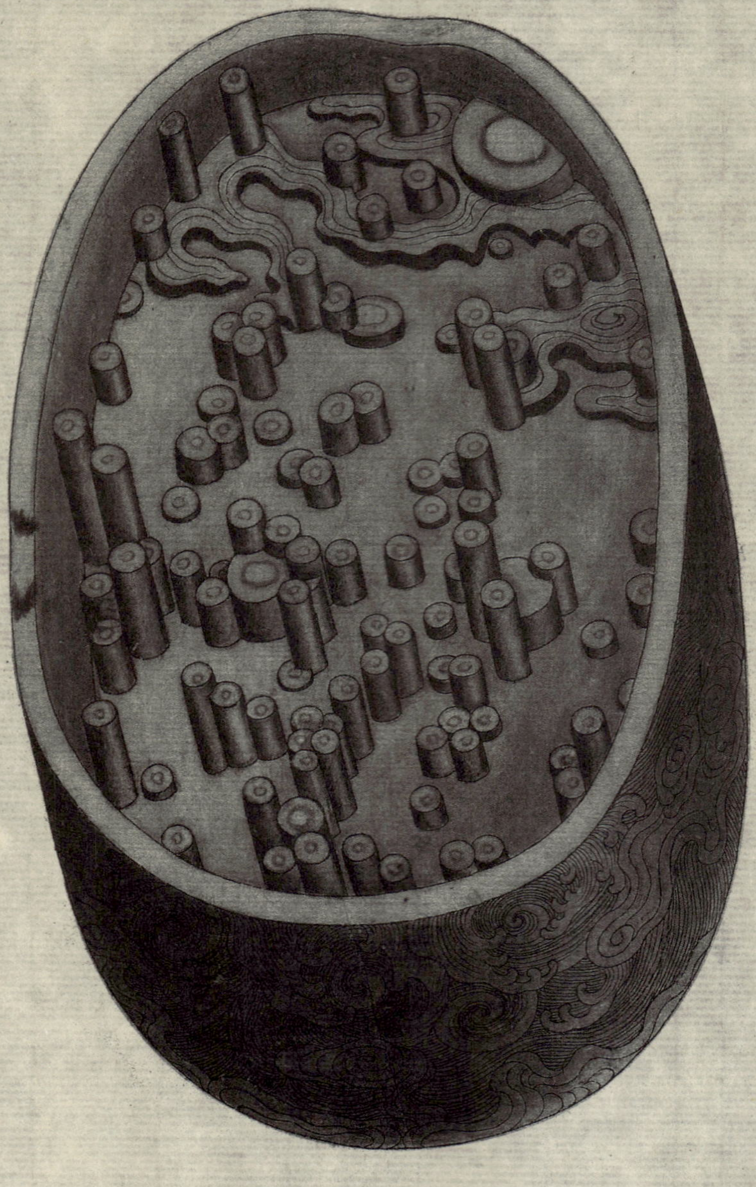

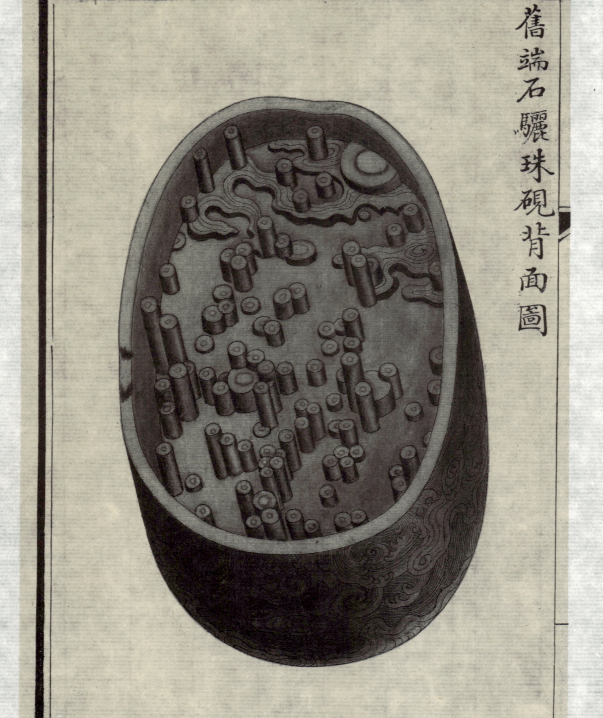

舊端石驪珠硯説

硯高七寸一分中寬五寸二分椭圓式厚二寸舊坑水岩石也受墨處居右下方刻海濤環之上方及左二龍拏攫騰波上下左上方活眼一借作驪龍之珠右方鯨魚激水氣勢坌涌側面亦環刻海水層疊異獸出沒覆手深寸許懸柱幾百柱各有眼繁如散星右上方一眼獨巨若月雲霞擁之似取省月從星之義跗有刓剥周鐫

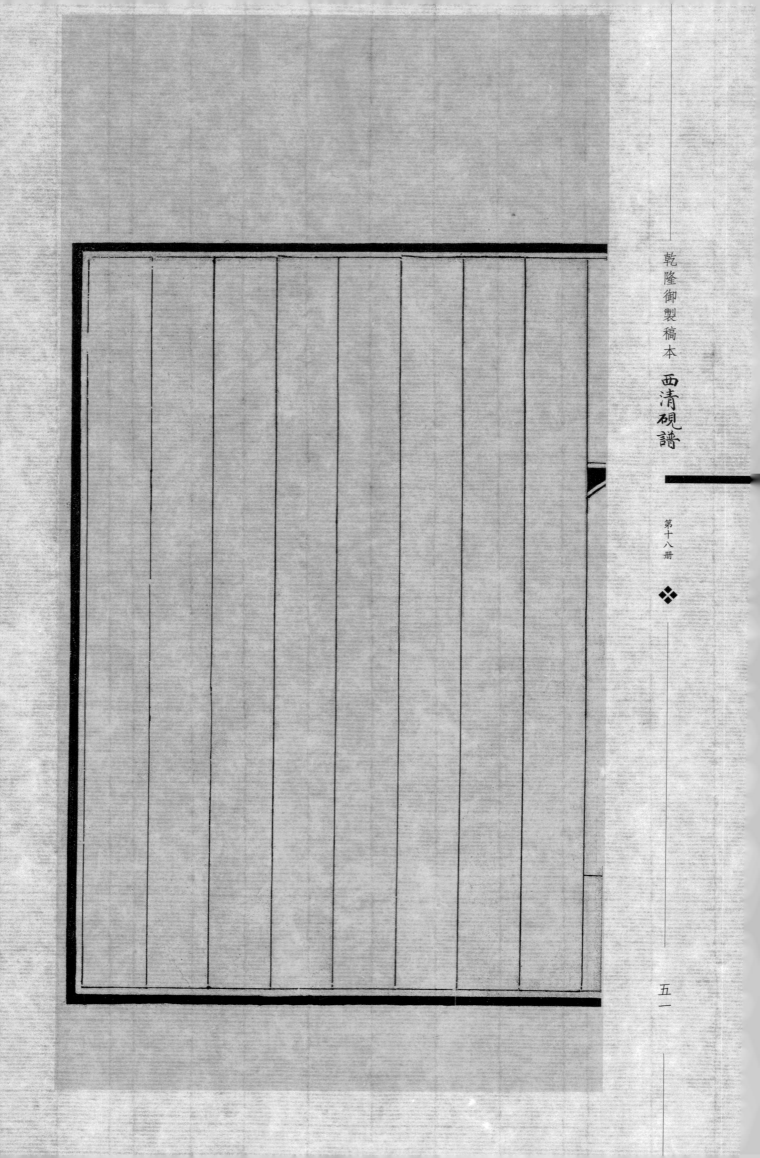

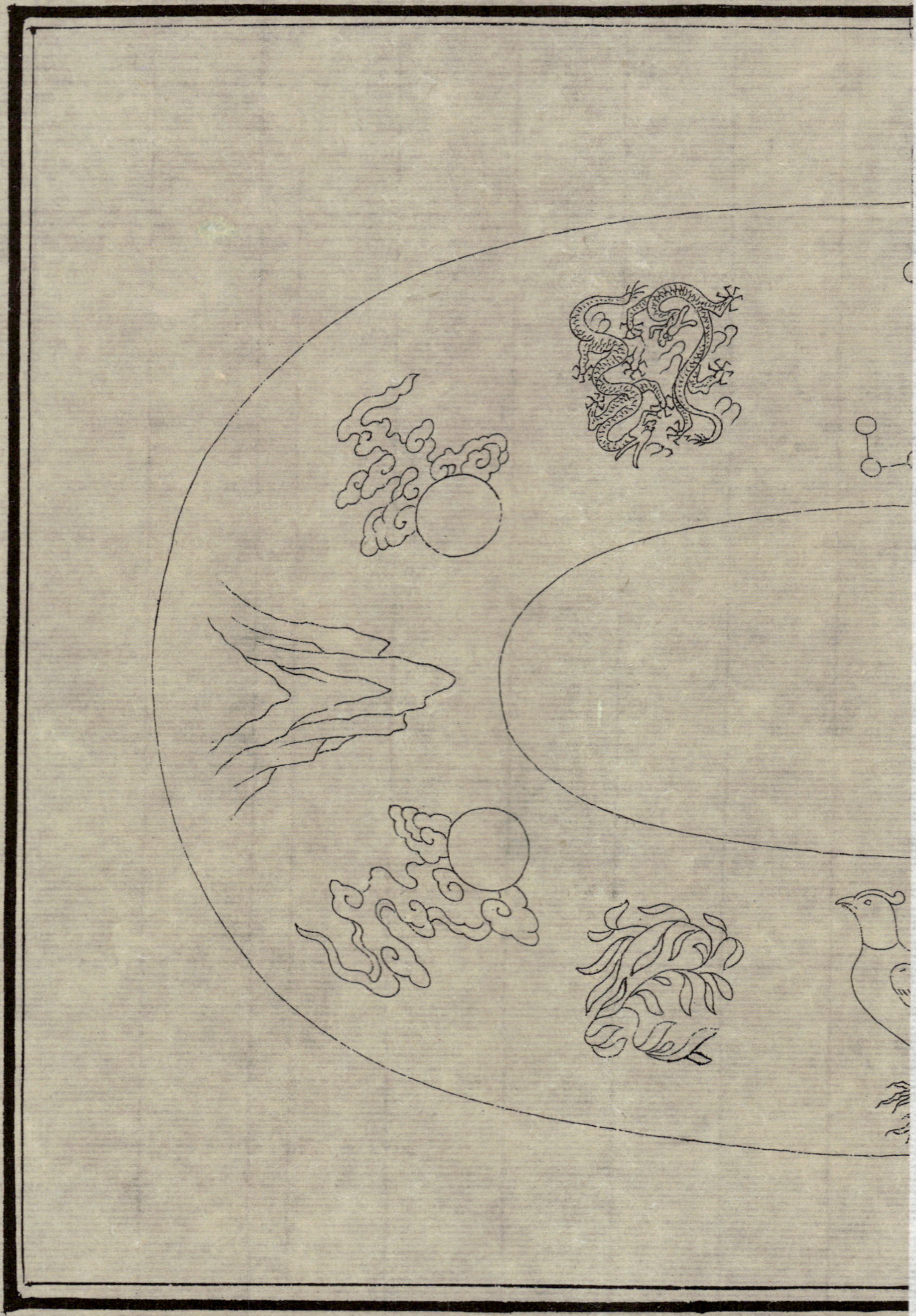

二曰乾隆

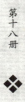

舊端石天然六星硯背面圖

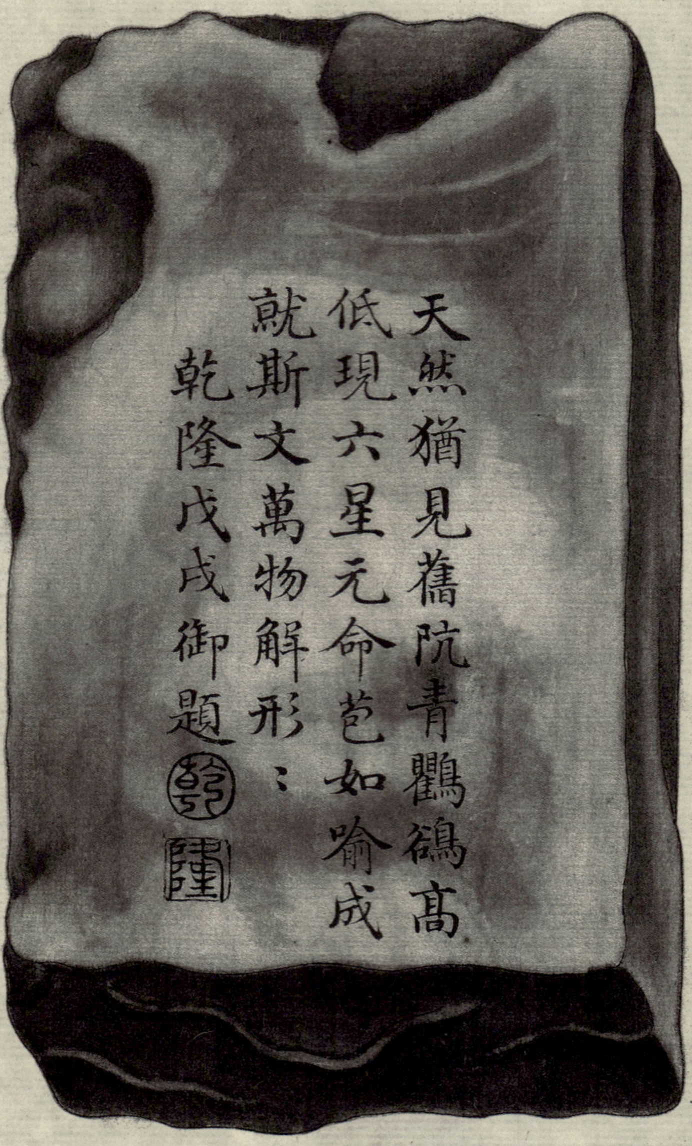

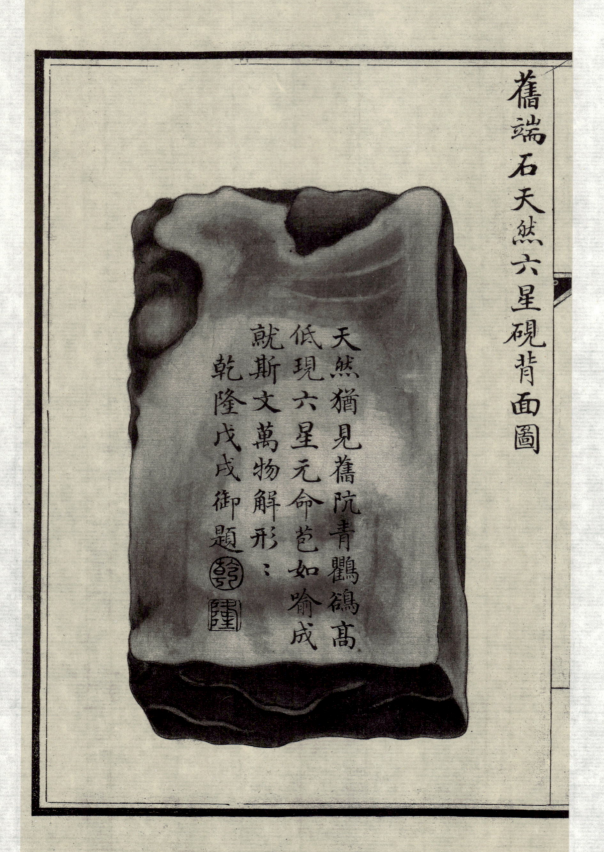

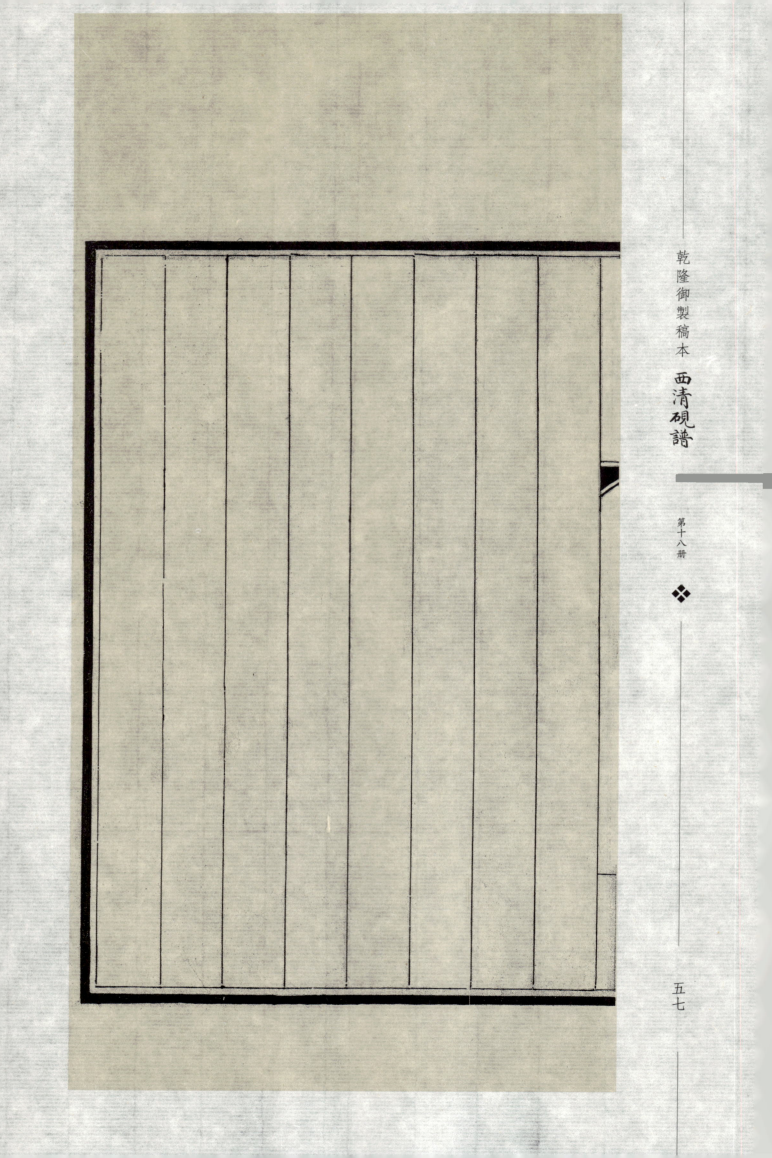

舊端石四螭硯背面圖

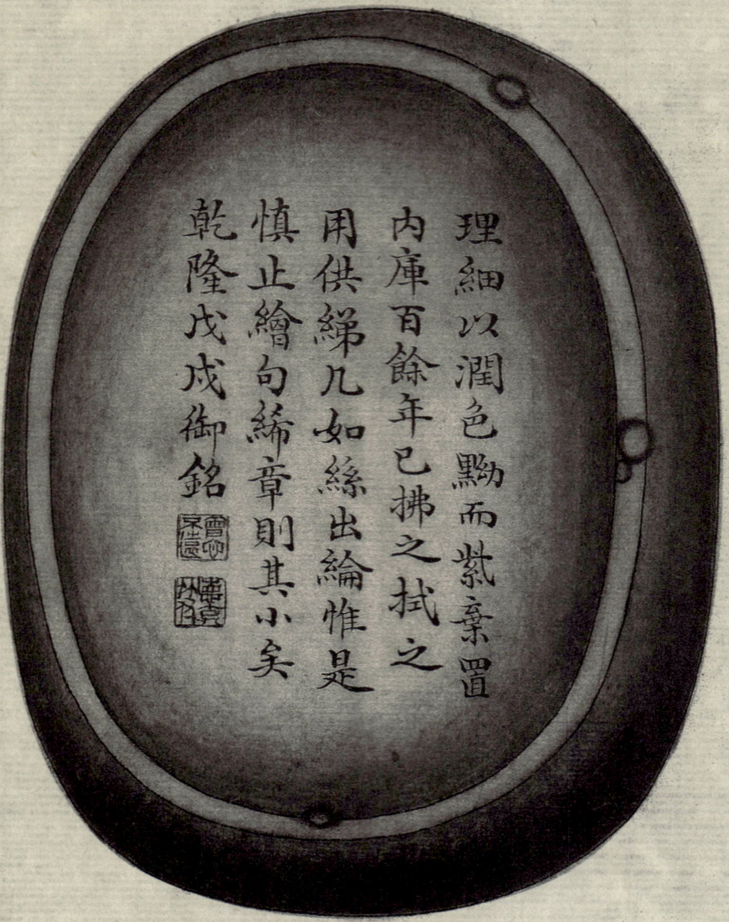
理細以潤色黝而紫棄置
内庫百餘年已拂之拭之
用供綈几如絲出綸惟是
慎止繪句絺章則其小矣
乾隆戊戌御銘

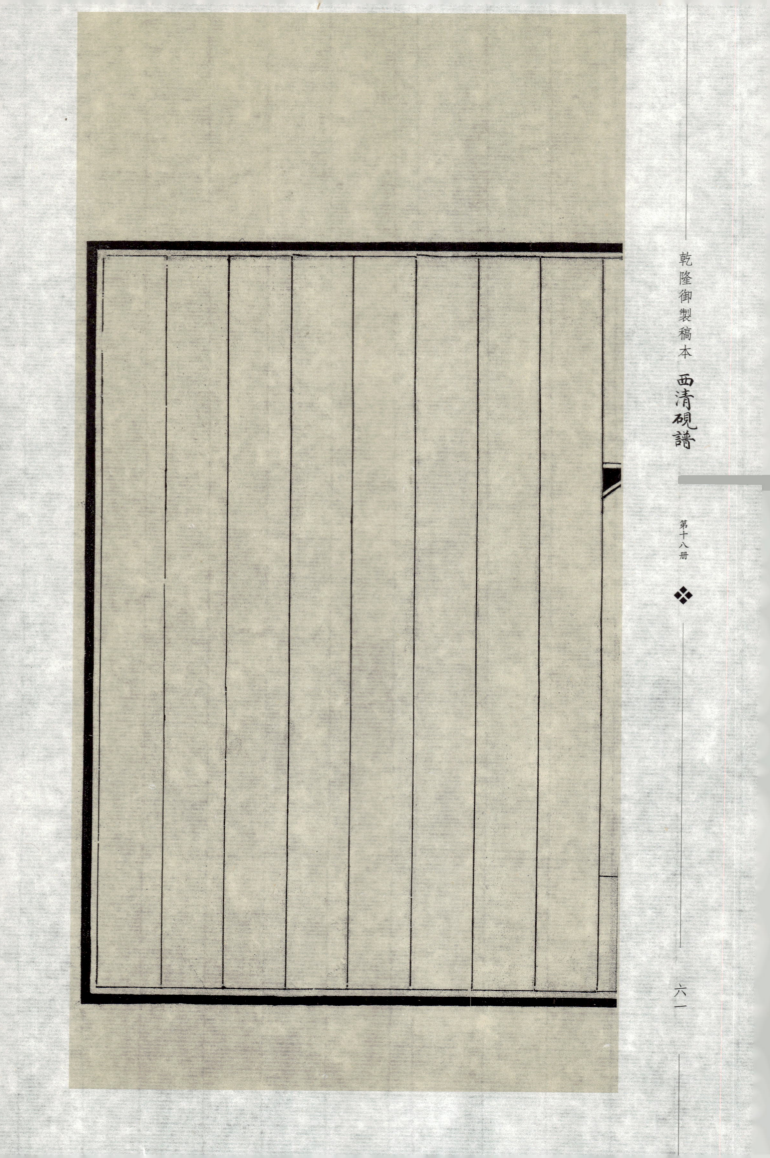

舊端石雁柱硯背面圖

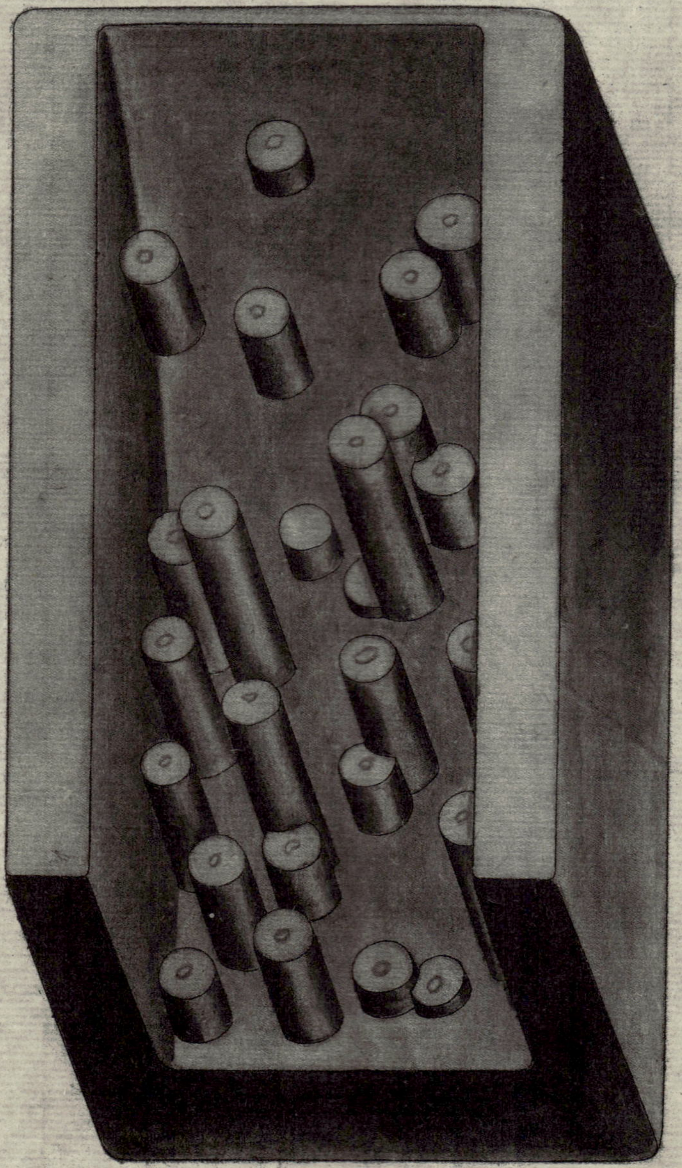

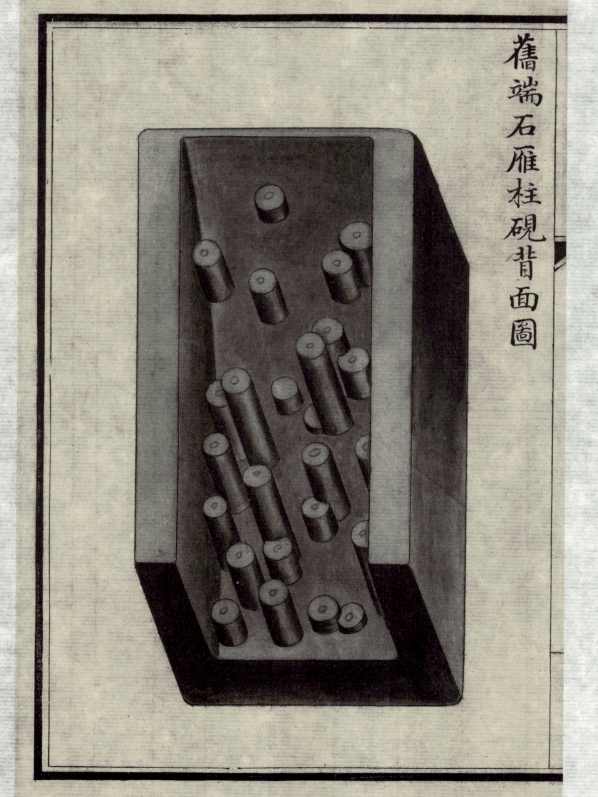

舊端石雁柱硯説

硯高六寸六分寛四寸二分厚二寸五分老坑端石為之質理黴側火捺紋黯然而澤通體有棕眼紋受墨處平直邊黴剥蝕覆手刻柱二十有五柱各有眼参差行列如瑟之有柱側上方鐫

御題詩一首楷書鈐寶二曰會心不遠曰德充符匣蓋並鐫是詩隸書鈐寶二曰乾隆

舊端石環螭風字硯背面圖

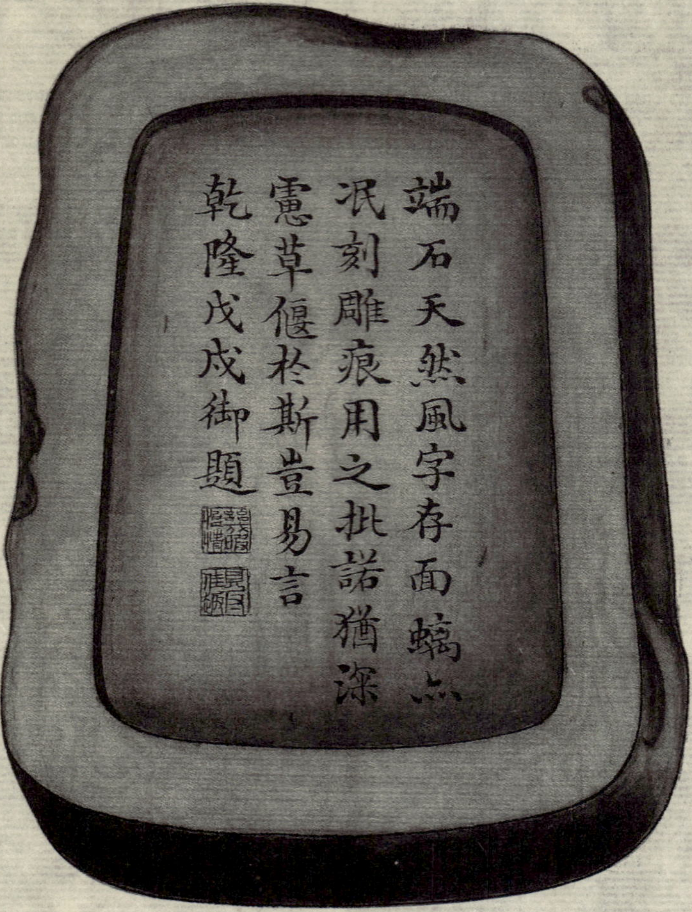
端石天然風字存面螭点
泯刻雕痕用之批諾猶深
憲草偃於斯豈易言
乾隆戊戌御題

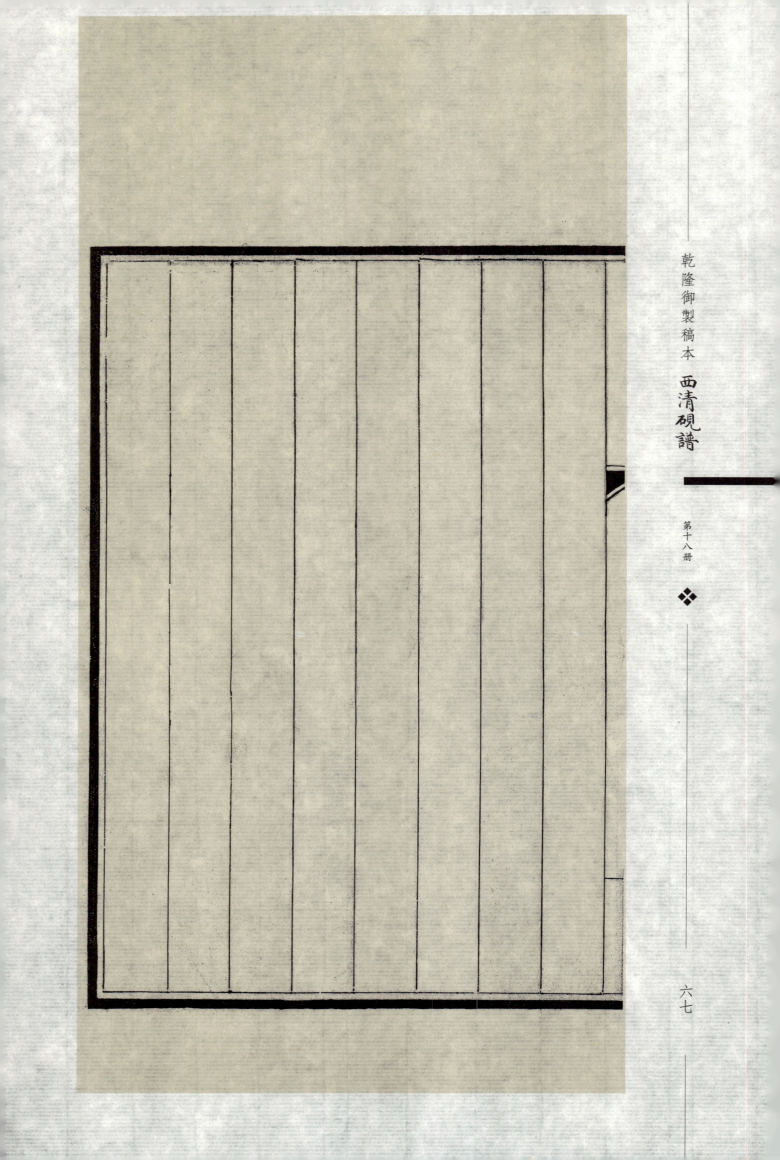

舊端石梅朶硯背面圖

舊端石梅朶硯說

硯高五寸一分寬三寸厚二寸端溪舊梅花坑石左方微刓缺覆手柱幾七十攢三聚五綴如梅朶柱眼及左右側水斑色稍黃且眼多有匾者略遜水坑而製作同宋式極為樸雅硯首（方側）鐫

御題詩一首楷書鈐寶二曰比德曰朗潤匣蓋並鐫是

詩隸書鈐寶二曰幾暇怡情曰得佳趣